启真馆 出品

マラソン中毒者

马拉松中毒

〔日〕小野裕史——著

许哲彦——译

ZHEJIANG UNIVERSITY PRESS
浙江大学出版社

目录

第一章

"世界第一,
一起拿到手吧!"

其一　不可能会这样啊！

灼热的沙漠，七天内要靠自己的双脚跑完 250 公里。

不仅如此，七天的食物与衣物等，约莫 10 公斤重的行李也都得自己背负。

舞台位于南美，智利的阿塔卡马沙漠。从日本出发约需花费四十个小时，转机两次才终于抵达，对日本人来说，这根本就是"地球的另一侧"。

阿塔卡马沙漠一年当中几乎不下雨，堪称世界上最干燥的地区，白天气温在 40℃以上，晚上则降到 0℃左右。此外，海拔约有 3000 米，氧气极度稀薄，别说是跑马拉松，光是待在那里恐怕都会患上高山病。

"我们三人报名参加阿塔卡马沙漠 250 公里的团体赛吧！目标是'世界第一'！这可是日本人挑战'250 公里沙漠马拉松，团体赛世界第一'的首例喔！"

趁着醉意，我丢出这番话。虽然已经跑步跑一阵子了，但也不过才三年半，还算是菜鸟跑者的我，就这样硬把经历、个性、工作都不同的另外两个菜鸟给拉了进来。我们三个都是四十岁左右的新手跑者，竟然胆敢挑战"世界第一"这种目标。

不可能会这样啊！三年半以前，别说是马拉松，三十五年来我几乎不运动，甚至还胖了将近 20 公斤。

初高中时期我曾加入管乐团，大学到研究所时期则成天埋首做研究，也就是在那时接触了互联网。毕业后进入知名计算机制造公司工作，没多久就转职从事网络创投业，不知何时，已然成为雇有将近五百名员工的创投公司经营者。现在除了投资日本、中国两地共三十家左右的网络公司，也着手于经营、培育后进的工作，每天持续奋战着。

接触跑步之前，要说我的兴趣是什么，大概就是"上网、阅读、打电动"，不管怎么看，都是个只有"室内"兴趣的人。

不过，人生会在什么时候因为什么契机而发生转变，这是完全无法预测的。像是当初为了玩游戏而买的任天堂 Wii Fit，最后竟然跟跑步还有沙漠马拉松扯上了关系。

"最近实在胖得太过分了，如果用玩游戏的方式，说不定可以轻松减肥？"我用这种"三分钟热度的代表性理由"开始接触 Wii Fit。当时想既然都这样了，"就也试试去外头健走吧！""一两公里的话，应该可以跑跑看吧！"以这样的念头开始了我的跑步生活。回过神才发现自己三年中跑完数不尽的马拉松和 100 公里超马赛事，甚至还成为拿下"两夜不睡，四十八小时跑完富士山一周，全 160 公里山道之 ULTRA-TRAIL Mt. FUJI(UTMF)"这般变态赛事的人。

如今，我要挑战的却是有引发高山病风险的高地沙漠，背负 10 公斤的行李，三人一组完成赛事，同时还要取得团体赛的世界第一名。

在惠比寿的居酒屋里，我在昵称阿信的佐佐木信也，还有昵称小黑的黑泽洋界面前，热血激昂地说着。

"挑战世界第一可是很难得的机会喔！不过，要是我们三个去跑，搞不好可以做到！"

250公里沙漠马拉松分为个人赛和团体赛。团体赛的规则是"赛事进行中，队员之间距离不可超过25米，从起点、各检查站，一直到终点，都必须全员一起通过"。

"队员人数无上限，最少三名。赛事进行中，若是队员未满三人便失去参赛资格。"

也就是说，只是自己跑得快是没有用的，队员之间必须互相配合节奏，在互助之下跑完全程。

只有三个人组成的队伍，只要有一个人中途弃权，就失去团体赛的资格，难度比起个人赛要高出许多。因此参加的队伍并不多，要拿下世界第一相对简单。

眼前出现这种难以想象的挑战时，我认为一般人的反应可以粗略分为以下两种：

一种是回家铺好床，躺下开始睡回笼觉，告诉自己"挑战？世上哪有这种东西"的类型。

另一种则是不跑不行，听到消息就马上亢奋起来，好像身体快脑袋一步般性急，"挑战？当然要马上突击啊！"的类型。

俗话说得好，"物以类聚"。不幸的是，不管是我、阿信，还是小黑，三个人皆属于后者。这种家伙要是聚在一块，马上就会变得得意忘形，挡也挡不住。

"世界第一？真的假的！做得来吗？我是说，好像很好玩嘛！试试看吧！"

"好！不过，普普通通地拿下世界第一，好像很无聊啊……对了！我们之前不是好几次都穿着布偶装去参加比赛吗？我扮白萝卜，阿信穿香蕉装，小黑则是长颈鹿，三个人一起角色扮演。这次去阿塔卡马沙漠，我们也这样做吧！明明身在沙漠还搞角色扮演，而且还拿到世界第一，不觉得酷到不行吗？"

本来完全不运动的人，后来却在工作之余，每周持续挑战"最小限度的马拉松，尽可能跑超过100公里"。在这样的我身边，聚集着越来越多"小野病毒的感染者"。

跟我认识没多久的阿信和小黑，虽然都只有一两年左右的跑步经历，却接连达成全马跟100公里超马。2011年10月，更是一起跑完全程250公里的撒哈拉沙漠马拉松，或许"小野病毒"也是原因之一。

不过，阿信跟小黑的"病毒感染"程度，说不定更为严重。

"要说角色扮演马拉松有什么好，当然就是工作人员和沿路来加油的人们，甚至是其他跑者都会很高兴，看到他们的反应，好像就能从中获得力量。说得更直接一点，就是别人会为我们尖叫，我们会大受欢迎，不论是小孩、大叔跑者，还是大婶们。"

"100公里都可以轻松跑完了，普普通通地参加比赛不是很无聊吗？所以还是角色扮演来跑马拉松吧！"

在我这番热辩之下"学坏"的阿信和小黑，跟我的"白萝卜"一起，不知何时定下了"阿信＝香蕉"、"小黑＝长颈鹿"的扮装规矩。白萝卜、香蕉、长颈鹿一起跑完100公里后，过了一年，对于扮装马拉松，这两人可以说完全乐在其中。他们说不定也曾觉得"不可能会这样啊！"不过一切都太晚了。

"没问题啦。我穿的萝卜装跟阿信的香蕉装，刚好可以当作睡袋垫（铺在睡袋底下，缓和凹凸不平的地面，还可避免体温被地表夺走）。小黑的长颈鹿布偶装，则是最棒的防寒装！"

已经老大不小的三名大叔，光是穿着萝卜、香蕉、长颈鹿的布偶装跑步就很不对劲了，竟然还想在有生命危险的 250 公里沙漠马拉松做这件事，挑战世界第一。

面对在居酒屋里无法停止角色扮演话题的我，尽管这两人一时难以掩饰"真的假的啊这家伙"的讶异表情，但不知是不是被"世界第一"这个关键词迷惑，完全没有丢出"要拼世界第一，扮装会不会有点累赘啊？"之类的建设性意见。人类似乎只要聚在一起狂热，就会失去冷静的判断力啊！

总之，就这样，我们朝着 2013 年 3 月举办的阿塔卡马沙漠 250 公里马拉松前进，以"团体赛世界第一"为目标，正式起跑了。

其二 人生首次中途弃赛

2013 年 2 月 24 日，距离阿塔卡马沙漠赛事仅剩一周。在全日本马拉松跑者的梦想——东京马拉松现场发生了这样的事件。

"对不起，我想要弃赛……"
在东京马拉松的 20 公里处，靠近日比谷公园的地方，一名跑者神采奕奕地微笑着询问工作人员，这个人穿着白萝卜造型的布偶装，身上还贴着号码牌。
"呃……您是要弃赛吗？这样的话，可以搭乘接驳巴士，我们会把您载到终点去……"

"啊，没关系。到我家大概只有 3 公里，我应该可以直接跑回家……"

"咦？您、您还可以跑吗？您确定是要弃赛对吧？"

"啊，对，不好意思。我要跑回家，给您添麻烦了。"

"白萝卜"对工作人员深深一鞠躬，就飞奔出原有路线，朝反方向跑走了。

跑者身穿贴有东京马拉松背号的萝卜装，跑在非马拉松路线的人行道上，一个人很有精神地怪笑着。运气不好遇上这番光景的路人，尽可能不和萝卜男有视线接触，纷纷快速通过。

"今天是东京马拉松对吧？您发生什么事了吗？"

路途上多少会被好奇心强的路人搭讪，若是说出真正的理由，说不定会让对方更为混乱，总之就先以既非谎话也非实话的借口应付过去。

"那个……其实我今天要出差，等一下就要前往中国，所以不赶快结束不行。"

"咦？中国？啊，是这样啊……辛苦您了。"

"东京马拉松"跟"角色扮演白萝卜"，怎么想都很难跟"出差中国"这个关键词联系起来啊。

不过也只能这样解释了，如果照实说："其实一个礼拜后我要去参加智利的阿塔卡马沙漠 250 公里马拉松，我要跟同伴们一起跑团体赛，挑战世界第一，全日本还没有人达成过喔！不过，两个礼拜前我参加了冲绳本岛全程 324 公里的环岛马拉松，在 165

公里处稍微伤到脚，那是我人生首次退赛啊。啊！顺带一提，当时我不是扮演萝卜，而是带着兔子帽喔。然后我想说当时的伤应该差不多好了吧？所以今天就来跑东京马拉松。结果脚果然还是开始痛了，保险起见只好中途弃赛。啊！虽然在冲绳环岛马拉松之后加上这次就是连续两次弃赛，不过在这之前的三年半，我参加过数十次赛事，全马弃赛这还是第一次喔！绝对不是每次都弃赛！"若是穿着萝卜装，巨细靡遗地讲完真正的理由和一堆借口，对方绝对会大喊"警察先生！快来这里！"，叫来警察或救护车，把我送到医院去吧？

是的，不知为何，在参加智利阿塔卡马沙漠 250 公里马拉松的一周前，我不顾两周前冲绳环岛马拉松受伤带来的不安，最后还是以白萝卜的扮相参加了东京马拉松。即便几个小时之后我就要去中国出差，回国后再过几小时又要直奔阿塔卡马，完全是工作满档的状态。

具有正常判断力的人，应该会马上想到："那个，东京马拉松，其实不参加比较好吧？"

虽说一切都在预料之中，不过脚伤还是变得更加严重，我在 20 公里处决定放弃东京马拉松跑回家，但其实在起跑后 3 公里左右的地方，负伤的右脚就已经开始痛了。

一回到家，我脱下直到刚才为止都还沐浴在尖叫、打气声中的萝卜装，变身回根本不会有人注意或声援的普通大叔，动手准备北京出差事宜。

"后天出差结束回国，距离前往阿塔卡马沙漠，大概只剩八小时能待在日本。说到这，阿塔卡马的准备没问题吗？比起这个，负伤的脚在这七天内不好起来就糟糕了啊！"

"不过才跑了大概 3 公里，脚伤就复发了，这样真的能跑完下礼拜阿塔卡马沙漠的 250 公里吗？这可是三个人一起参加的团体战，如果中途弃赛，就等于整组一起弃赛了啊！"

压抑着逐渐扩大的不安感，我把脑袋切换到工作模式，萝卜装还躺在地上，我就奔出家门，开始三天两夜的北京出差行程。

这时的我还不知道，待在大中午的北京，别说是脚伤了，突如其来的水土不服带来的不明呕吐感和头痛将让我在浑身颤抖不已的恶寒中被送往急诊室。

补给站专栏1

日常生活中，我经常被问及："您是运动选手吗？"每个月频繁地参加好几场比赛，但毕竟还是要兼顾工作，所以没有那么多时间可以练习。

在这种条件限制下，只有"自己的训练时间，自己挤出来"，养成把"移动时间变成训练时间"的习惯。

举例来说，我会跑步去上班，工作地点距离我家约13公里，这就是"通勤run"，当然到了公司以后必须更换衣服与冲澡，刻意装在背包里的换洗衣物跟笔记本电脑，可以帮助我练习"背负10公斤行囊的沙漠赛程"，又或是在冲完澡后到健身房游泳，练习铁人三项等。

令人意外的是，就算是"通勤run"，花费的时间跟搭电车到办公室其实差不了多少，就算电车因为突发事故或台风等状况而误点，同事大多迟到时，我仍然可以准时抵达公司。东日本大地震发生后不久，当时大众交通系统几乎瘫痪，能准时进公司的就只有我一个，我就经历过办公室里空无一人，根本无法工作的情况。

后来我逐渐提高这种习惯的等级，最后演变成"目的地在远处，基本上都跑步过去"。

比方说，我首次参加越野路跑（trail running，场地为崎岖起

伏的山道而非一般道路）时，萌生了这样的想法："明天的起跑会场距离我家大概 65 公里，正好通宵赛事也快到了，可以顺便练习，不如就现在出门，彻夜跑到会场去吧！"

结果，因为快要赶不上开跑的时间，只好在约莫 60 公里处搭电车前往会场，最后平安跑完长约 20 公里的越野赛。

其他还有家住 30 公里外的好友邀我去参加派对的例子，我事先询问他："可以跟你借浴室冲澡吗？我想跑过去。"出发之后，觉得好像没有练习到，毕竟难得有机会可以这样跑，于是就追加 10 公里，多绕皇居两圈，凑齐全马的距离，路上我还买了啤酒，作为负重赛事的训练。

像这样，如果要去有点远的地方，我都会一个人边思考边贼笑着望着地图："到目的地大概是 × 公里，也就是说只要有 × 小时，应该可以跑得到吧？哎呀，那要跑哪条路线呢？"面对这样的我，老婆总是以一句"真恶心，变态"来为我加油。

第二章

人类史上首例，
角色扮演跑北极马拉松

其一　你好，我是日本代表

所谓的未来，就是偶尔会突然发生巨大变化。

只要发现好像很有趣的马拉松大赛，我就会立刻上网报名，朋友对我说了这么一句话：

"小野，你那根本就是'立马下订'啊！"

不知从何时开始，我周围的人渐渐把一想到就毫不考虑，"咔嚓"一声点击链接报名或购买，这类立刻做出决定的行为称为"立马下订"。

事实上，我的未来之所以能产生巨大变化，正是"立马下订"的功劳。

从小学到高中，我的体育成绩都是上中下的"下"。三十五年来几乎跟运动无缘，几乎可以说是"超"运动白痴，这样的我却从 2009 年 8 月开始跑步，两个月后的 10 月份跑完半马，来年 11 月首次跑完全马，接触跑步后的第十一个月，也就是 2010 年 7 月，完成磐梯高原 100 公里马拉松。

这些成果，全都是之前频繁地"立马下订"，不顾后果报名一堆比赛，在开赛前怀抱"完蛋了，不做点什么训练不行"的焦虑，拼命抱佛脚累积训练而来的。

"不对，这个应该有点太过了吧！"

脑袋很理性地这样想着，但心里想的却是：

"可是'还是想试试看'啊。不是'办得到办不到'的问题。"

越是这样想，就越会冒出工作行程、训练量等，各种"办不到的理由"。

"心的指南针"一旦指出某个方位，就要"咔嚓"一声火速报名才行，要思考什么等以后再说。

开始跑步后一年左右，某天偶然在网络上看到一张照片。

"在灼热的撒哈拉沙漠跑完 250 公里，所有必需品与食物都靠自己背负。"

"这不是超酷的吗？我也想参加！我今年三十六岁……在四十岁以前，一定要亲自站在撒哈拉沙漠啊！"

说是这样说，但背负将近 10 公斤的行李在沙漠里跑 250 公里，根本就是玩命的挑战，我可不是连这种赛事都"立马下订"的笨蛋。不过，为了朝理想更进一步，我在网络上发表了"四年后，四十岁之前，我要挑战撒哈拉沙漠马拉松"这样的宣言。当时的我认为，跑撒哈拉沙漠应该是"一辈子一定要来一次"，以人生为单位的目标。

至少，在认识那家伙之前是这样没错。

得知有撒哈拉沙漠马拉松的存在后，过了大约一个月，2010年 10 月 30 日。

"小野先生，初次见面。小野先生的目标——撒哈拉沙漠马拉松，可是四大沙漠马拉松之一喔！其他还有中国的戈壁沙漠、智利的阿塔卡马沙漠，这两个沙漠也都有 250 公里的马拉松赛程，这三个沙漠里，要先跑过两个，才能获得素有'最后的沙漠'之称的'南极'门票！"

昵称"Shana"，本名荒井志朗，这位二十七岁的年轻人，用爽朗的笑容对初次见面的我说了这段话。

"四个月后，我要去跑阿塔卡马沙漠马拉松，恐怖程度会让你觉得撒哈拉沙漠马拉松根本只是'野餐'而已。"

对当时的我来说，撒哈拉沙漠马拉松是"跑步人生中，最大的目标"，在他眼里竟然只是"野餐"等级？在那之后，竟然还有"最后的大魔王——南极"这种跳脱常理的敌人在等着我？

这个比我小将近十岁、名唤"Shana"的年轻人，接连丢出令我震惊的信息，而他在四个月后就要前往阿塔卡马沙漠了。

"我，到底在怕什么？"

就算遇上台风引起的狂风暴雨，我也会想："可以在这种天气跑步，不是很幸运吗？"如此正面思考的我，这回也稍微有点消沉了。

正因如此，我没有"立马下订"。

我花了五天时间思考，然后在第六天的早晨，终究还是做出了决定。八个月后的中国戈壁沙漠、十一个月后的撒哈拉沙漠，同时报名两场250公里的沙漠马拉松。反正横竖都要做，不如一口气报名两场，一场跟两场没什么差别吧。如果一年内可以制霸这两座沙漠，趁着这股气势，应该可以直接前往南极吧！笨蛋啊，我没什么好怕的啦！

简直像惩罚没有马上把想法化为行动的自己一般，对于应该是"一生总要做一次"的沙漠马拉松，竟然一口气"Double 立马下订"。所以，在 2011 年即将结束之际，尽管我的跑步经历只有两年左右，却已经"跑完世界四大沙漠中的戈壁沙漠与撒哈拉沙漠"。

人啊，一旦达成从前认为"不可能"的目标，下次再碰上相同等级的挑战就会觉得不过瘾。

"有没有更白痴的挑战啊？"

在沙漠马拉松和国内的变态马拉松圈内，甚至有人发明了"刺激难民"这种词来描述追求未知的困难体验与挑战各种赛事的人。就好像毒瘾患者无法再满足于同等级的药物，不断渴求着更强的药物一般。

过完年，来到 2012 年，我以马拉松中毒者的身份来迎接新年。

"今年要做什么呢？"

当然，我跑完两场沙漠马拉松，因此获得参赛权，多了一项选择——"挑战四大沙漠马拉松中最后的沙漠'南极'"。不过，南极的大赛是在 2012 年年底举行，日期实在太遥远了，这样下去只能照往年的既定路线安排行程，实在说不过去。

"这样不行！有没有更超越常理的挑战啊？"

就在此时，灵感突然从天而降，让我不禁全身颤抖起来。

"到南极的另一端，去北极，这主意怎样啊？"

这么说来，之前朋友曾给我看过一张不得了的照片，就好像漫画一样，人物的头发、胡子结满"冰柱"，尽管脸上被冰覆盖，却还是拼命奔跑着。

"小野先生完成沙漠马拉松后的目标南极，就是像这样吗？"

朋友这么问，递过来这张照片，跃跃欲试的我后来查了一下，才发现那并非南极马拉松的照片，而是北极马拉松。据说是"马拉松中毒"的前辈们，因为南极跑不够，便跑到北极举办马拉松大赛。

"四大沙漠的南极路线，因为跑的是南极大陆的沿岸地区，所以离所谓的'极点'是很远的。不过，北极马拉松则如同字面意义，就是在'北极点'的周围进行赛事。当地真的非常冷，据说是一场'整张脸都被冰盖住'的硬仗。"

"就是这个！除了这个就没别的啦！"

我就像被附身一样，立刻在网络上寻找相关数据。

"话说……北极马拉松到底是什么时候举办啊？"

没想到竟然就在两个月后的 2012 年 4 月，这不就快到了吗？

北极马拉松"North Pole Marathon 2012"的官网上，已经清楚地列出今年参赛者的名字。不论怎么想，应该都已经来不及了吧？

不过，参赛者名单中，怎么看都没有日本人。如果这时候报名参加，不就可以跟人家说"你好，我是日本代表"吗？

心里的罗盘，这时已经坚定不移地指向那里了。这时候能发挥实质效益的，正是"立马下订"。

回过神来，眼前的计算机画面已经浮现出"北极马拉松，报名完成"的文字。

不过，再怎么说都太接近比赛日了，我的报名是否能被主办单位接受还是未知数，为了确保万无一失，我还是写了一封"请务必让我参加"的热切信件给主办单位。

等到邮件寄出，松一口气时，我才想起一件事。

"我要用什么借口来跟老婆解释？"

想来想去，没有其他办法，因为答案就是一切已经定案。除了拼命道歉，没有其他方法了吧！

其二　我跑了，穿着忍者装跑完北极马拉松

不管对谁来说，跑步都不是一件轻松的事。

可以的话，要不步行，要不就休息，绝对都比跑步轻松。跑步，跟距离或节奏无关，重要的是与肉体、与心理对抗。接触跑步并参加许多大赛后，有件事让我大感吃惊。

"距离越长的比赛，参加者的平均年龄就越大。"

这是事实。

100公里的马拉松，七十几岁的婆婆满脸笑容以比我还快的速度跑完；或是四十八小时不睡，跑完250公里的"山口一百萩往返马拉松"的参加者的平均年龄竟然是五十多岁。

"两夜没睡，彻夜跑步……不是吧！好好睡觉啊！老爷爷老婆婆啊！"这不禁让我想开些玩笑话，同时却又让我思考着：

"他们在肉体上明显输给三十几岁的我，为何可以如此强健地跑完赛事呢？"

备受感动之余，我悟出了答案：

"这是因为银发族跑者的经验相对丰富，所以心理素质也更为坚强。"

参加 100 公里马拉松或更长距离赛事的银发族跑者，绝大多数都积极正向又开朗，看起来很开心地跑着。

当然，相较于年轻跑者，跑步这件事会为他们的身体带来更重的负担。不过，我认为银发族跑者都是以心灵来克服外在负担的，反正最终都是要承受身体上的负担，比起以"好痛苦"的心态面对，抱持着"愉快""感谢"的心情参赛，身体负担也会不可思议地变轻。

银发族跑者总能边跑边寻找开心、愉悦的事，萌生"愉快""感谢"之情，即使身体素质看似不比年轻跑者占优势，依然可以神采奕奕地踏着稳健步伐跑到最后。

跑步的当下，让我最感"愉快"与最想"感谢"的就是沿途和网络上的加油打气声、工作人员和志愿者们的支持，还有跑在我身边，跟我一样和自己的心理搏斗着的跑者们。

如果没有这些人，意志薄弱的我马上就会想要偷懒，或是想办法找到借口休息甚至弃赛。因此，这些人对我来说，是让我变得更坚强的重要存在。对他们而言，有没有什么是我可以做到的呢？角色扮演的灵感，就是为了报恩而想出来的。

最早的扮相是"GeGeGe 鬼太郎"中的"眼球老爹"，整张脸被"眼球"包覆，用橡胶头套把头盖住。我之所以会选择这个角色，是因为在网络上偶然看到这个头套，总觉得视觉上很有冲击感，应该会很有趣，就只是因为这样而已。

于是我戴上"眼球老爹"头套去跑全马，结果却看不清前方的路，更因为头被密封起来呼吸困难，在补给站也没办法喝水，对着沿路民众挥手还把小孩弄哭，"搞什么！这么一来，连报恩的报字都沾不上边啊！"

有了这次教训，我接连尝试了熊猫、企鹅等角色，考虑视觉印象和跑起来的舒适度，"白萝卜"就此成为我的当家扮相。

我的父母应该做梦也没想到，当初那个曾是可爱婴孩的儿子，养到快四十岁了，竟然会以白萝卜的模样到处跑 100 公里马拉松。

说起角色扮演到底哪里是在报恩？大概就是因为穿着"跟马拉松完全不搭调"的装扮，所以光是待在现场就很好笑，周围的人看着也会不由自主地微笑吧！用这种方式无条件地让周围跑者、前来加油的人们或工作人员都开心起来。

我绝不是为了获得尖叫声才穿得像笨蛋一样，而是以社会心理学为前提进行行动。

正因如此，针对角色扮演跑步这件事，我有"无法让步的原则"。

那就是"只穿不管是谁都能一眼认出那是什么的服装"。

差不多该把话题绕回到北极马拉松上了。

赛事当前，确定北极马拉松的报名完成，也好好向老婆谢罪后（虽然老婆一定会说："道歉有用的话就不需要警察了吧？"然后要我陪她去银座进行血拼之旅），下一个让我"最担心的事项"，不是"该如何整顿装备，面对毫无经验的'极地马拉松'"，也不是该怎么进行特训，而是"要用哪个扮相去跑北极点"。

"那个……你是白痴吗？跑过头变白痴了吗？"

跟老婆商量在北极要穿什么，不管她说什么，我可是都认真到不行。

话说回来，北极点对一百年前的人类来说，可是人类史上未曾触及之地啊！

可以在那种地方跑全马，光是讲讲就好像参加祭典般兴奋！这简直就是全人类的庆典，不是吗？不下定决心好好玩一场怎么行呢？

我的招牌扮相白萝卜这回用不得，白萝卜在一片银白的北极里跑着，也只能认出头顶的绿叶，不是吗？

"企鹅怎么样？不管谁都认得，而且感觉就很北极，况且企鹅又很可爱，应该会超受欢迎的吧？"

想是这样想，不过我查了一下，却发现"在北极没有企鹅"，这样就不行啦。扮演根本不存在的北极企鹅，怎么想都有点半吊子。

举棋不定懊恼之余，不知不觉离北极马拉松的出发日也越来越近了，最后也只获得"目前为止，跑完北极马拉松的日本人只有一个"这种信息。

"完蛋了！不准备最基本的防寒装备不行，别说是角色扮演了，可能还会冻死啊！"

尽管运动用品店里陈列的商品，都已从冬装更换成春装了，还是得尽快买到在北极也撑得住的衣服。

焦急地在各家登山用品店物色装备时，我发现"黑色的衣服没什么人买，特价品还满多的"这件事。二话不说，先试穿特价的黑色装备，看着镜子里的自己，灵感就这么来了。

"就是它啦！"

镜子里的我，从上到下全身都裹着黑色衣物，戴着只露出眼睛的黑帽子，简直就是一名忍者啊！"Japanese Ninja"在海外就跟超级英雄一样人气超高！这不仅符合我的原则，"只穿不管是谁都能一眼认出那是什么的服装"，甚至还可以宣传日本不是吗？

"太棒了！这绝对会让海外选手也'呀！呀！'地尖叫！"

我在登山用品店的狭小试衣间里，两手叉腰端详镜子里的自己，看着一身的黑装束，想到这个灵感就不禁兴奋得颤抖。

"再来，就是忍者刀了！"

其三　你好，我是人类代表

2012 年的北极马拉松，聚集了来自全球各地的四十名选手，我是唯一的日本人。

当时，虽然擅自挂上"你好，我是日本代表"这种头衔，不过在跟主办单位信件往来的过程中，我发现了一件更加不得了的事。

"我们将在官网上刊载选手们的个人资料，请用电子邮件提交您的自我介绍。"

这可是大好机会！可以预先向其他选手宣传忍者即将在北极点奔跑一事。不管怎样，对日本以外的人来说，"忍者"可是独一无二的存在啊！如果其他选手知道参赛对手中有"Japanese Ninja"，搞不好会因此心生畏惧。

没人要求却还是特地附上角色扮演忍者的照片，寄出"Japanese Ninja 将要在北极点上奔跑啦！"的自我介绍，主办单位后来回信表示："开办北极马拉松以来，跑完全程的不到数百人，试图角色扮演（的疯狂跑者），你是第一个！"

"你好，我是人类代表。"

截至目前，在长达四十亿年的地球生命史中，可以这么无聊而又具有创造力地思考，这样的生物应该是独一无二的吧！

"如果是这样的话，半吊子的角色扮演绝对不行！"

要是没有忍者刀，就不能称作忍者了，于是我立刻着手进行忍者刀的准备工作。

经过调查，我发现忍者刀跟武士刀的形状是不一样的。前者考虑到要在狭小的室内战斗，刀身设计较短，为方便刺杀，刀刃呈现笔直状（武士刀则为了斩杀而做成后弯弧形），像这种连日本人都不见得知道的细微差异，海外选手一定也无法理解，不过，毕竟我背负着开人类史上先河的伟业，不容许有半吊子心态。

"我一定要准备超逼真的忍者刀！"

不过要是真的太逼真，别说会在机场被没收，应该在检查行李的时候就会听到机场人员大叫："Oh my god！"接着叫警察来把我抓走吧。保险再保险起见，除了逼真的忍者刀仿制品外，我还准备了备用的塑料玩具刀，放进行李箱托运应该就能平安上飞机吧！

比起去跑北极马拉松，我更像要挑战"穿着忍者装站在北极点"，这个没人期待更没人有兴趣的"开人类史上先河的伟业"让我兴奋不已。每天早上练跑前我总会望着忍者刀怪笑来提升干劲，就这样打理着前往北极的装备，浑然不知在此之后会后悔地想着："应该还有其他更需要准备的东西吧！"

其四 "人类史上首例"的困难

光是要前往北极点就不是件容易的事，还要特地跑到那里跑马拉松，这些人简直就是一群"超级被虐狂"。

提供给这些超级被虐狂的赛事导览，也恰如其分地被设定为被虐狂行程。

"请于 2012 年 4 月 3 日前，前往挪威的朗伊尔城集合。"
要说主办单位给了参赛选手们什么指示，大概就只有这些了。此外就是随各位喜好，自己看着办。

"话说回来，朗伊尔城到底在哪啊？"
我查了一下数据，抵达欧洲最北端的挪威首都奥斯陆后，似乎还要改搭国内航班往北转机两次才能到达朗伊尔城，可说是"人口千人以上的城镇中，位于全球最北端的城市"。从东京出发，得历经东京→哥本哈根（丹麦）→奥斯陆（挪威）→特罗姆瑟（挪威）→朗伊尔城（挪威），总共搭乘四次航班才到得了，最后在朗伊尔城搭上第五次航班，才终于能够抵达北极。
除此之外，主办单位寄给参赛选手的大会注意事项里，也充满令人动摇的超级被虐狂内容。
——4 月 5 日开跑，任何时候都可以开始这场赛事，不用担心，毕竟到时候会是极昼（二十四小时太阳都不会下山，永远天亮）。
——比赛中提供的饮用水，虽然会有点咸但还是请各位忍耐，毕竟那是用冰块融化来的海水，不想喝的人可以自己搬水过来。
——由于北极是浮在海上的冰块，因此营地会常常换位置。各位在跑步的同时，可能就已经离北极点 30 至 40 公里远了，不过不用太在意，最后都会用直升机把各位运到北极点。
——虽然可以准备一些能量果胶（energy gel，凝胶状营养补给品，含电解质及热量）补充精力，不过带在身上会结冰，还是放在检查站的帐篷里吧！

——最后，我们的目的地可是浮在北冰洋上的冰！不管发生什么事，都别被吓傻喔！

按照大意随意翻译一下，大概就是这个意思。

从东京出发，前往北极旅途的序盘，"开人类史上先河的伟业"却突如其来地出现了阻碍。来到转机的第二站，飞机平安地降落在挪威的奥斯陆国际机场，然而，不论我们在提领行李的大厅怎么等，行李就是不出现，不只我的，其他乘客的也都没出现。

"这……行李竟然搞遗失啊！"

我在那呆等许久后，地勤人员只递给我一张写着"对不起"的薄薄文件。

一般来说，遗失一两件行李还说得过去，但像这样遗失所有乘客的行李，到底是什么情况啊？

跑去问地勤，对方好像也搞不清楚状况，好像是"装有乘客行李的整个货柜从飞机上消失了"的样子。

"什么白痴情况？也太好笑了吧（笑）。"

同样等待着行李抵达的其他乘客，焦虑和愤怒的情绪逐渐转浓，大厅气氛开始变得紧张，只有我难掩脸上些许的愉快神情。

按照预定计划，当晚会在奥斯陆住一晚，隔天一早前往集合地点朗伊尔城，要是明天早上行李还是没找到，北极马拉松用的装备和补给粮食多半也就没了。如果只是防寒衣不见，或许还能在当地购买，但最重要的"忍者刀"，在这里绝对不可能买得到啊！万一最终还是没有找回行李，"开人类史上先河的伟业"也就幻灭了。虽然应该没有人期待，但好歹也是"先河"。果然没有这么简单就让我达成啊！

别提焦虑或失意了，这种"整个货舱搞丢"的爽快遗失行李法，反而让我觉得"这不就是最棒的开端吗"？我在告知地勤紧急联络方式后，便动身前往住宿的旅馆。

进入房间稍稍喘口气，才想起自己没带今晚的换洗衣物。心里想着："哎呀！真头痛，这要怎么冲澡啊？"却也同时想起赛前注意事项里告知的："不管发生什么事，都别被吓傻喔！"

"没问题，反正在北极的那几天，就算跑完全马也没办法冲澡嘛！"

伴随着整起事件带来的趣味性，我心想："要在正常跑也很困难的地方跑全马，如果行李终究还是找不到，就有不用角色扮演的借口了，这样不是很好吗？"我怀着安心感在床上躺平，进入深层睡眠。

其五　你是忍者的后裔吗？

"货舱整个搞丢之行李遗失事件"的隔天，我早上六点就离开饭店赶往机场，飞往集合处朗伊尔城的班机预定于早上九点半起飞。在那之前，弄丢的行李若是没出现，"开先河"的忍者装北极马拉松之梦也就随之破灭。当然，要是我向机场人员发飙说："这可是攸关开人类先河的伟业啊！"别说是帮我找行李了，大概只会被他们带去警察局或医院吧！

因此，我只能稳重又冷静地去找相关咨询人员。

"请问有什么需要帮忙的？"

惨了，被抢走先机！不过负责的小姐长得也太漂亮了吧！不行，我可不能输给自己啊！要用严肃的态度来面对。

"呃，那个……我的班机昨天抵达，行李似乎遗失了，后来我拿到这张文件……"

陷入沉默浏览着文件的美女工作人员开口说："请您跟我来一下好吗？"她带我来到写着"机场工作人员专用"字样的走道深处。

"这里其实是秘密通道喔！"

看着她转过身来灿烂一笑，我拼命压抑着说出"呃，老实说行李怎样都没关系啦！"的心情，跟着她前进，就在此时……这不就看到了吗？里头沉睡着背负"开人类先河的伟业"的忍者刀，那是我的行李箱。

"传说，还没有结束！"

就这样，又朝"开人类先河的伟业"迈进一步，从平安领回行李的挪威奥斯陆出发，经由特罗姆瑟，前往北极圈最北的城镇，朗伊尔城。自机上窗户向外看，会情不自禁想"啊"地叫出声来。窗外除了蓝、白色彩之外，再也没有其他颜色，我从未看过这般景色，整个世界完全被这两种色彩覆盖了，就好像要降落在人类从未触及的大地上啊！

我降落在世界最北的城镇——朗伊尔城，机场的正面竖立着朝向全球各地主要都市的距离标志。东京就在遥远的东南方，距离这里 6830 公里，我还真是到了一个不得了的地方啊！

我找到了集合地点的饭店，在柜台报上名字。

"嗨，裕史，请问您是跟 Zu 先生同住一间吗？"

我不知道那是谁，共享房间的事也是第一次听到，不过我想那应该就是我室友吧。

"我不太清楚状况，但应该是吧！"

我丝毫不为这种芝麻小事所动。

在房里等着我的，是一位在美国某所大学里工作的中国人，Zu Han 先生。据说跟我同年，都是 1974 年生的。

"你就是 Japanese Ninja 阿裕吧！"

事前寄给主办单位的自我介绍，这不就马上派上用场了吗？果然，在海外，"Ninja"的力量真是无法估量！只见 Zu 眼睛闪烁着光芒，问道："你是忍者的后裔吗？"为了不破坏他的梦想，只好暂且自信满满地说出"应该，搞不好是很远的子孙也说不定！"这种不知是真是假的答案。

当晚，来自世界各国，喜欢凑热闹的跑者齐聚一堂，北极马拉松的主办者理查·得诺班，恐怕就是凑热闹界的代表性人物，由他开启这场赛程说明会。据说，这个北极马拉松，最早是出自理查的个人喜好，他喜欢在极地跑步，而后逐渐发展成这样的大赛。这家伙堪称傲视群雄的变态跑者啊！我仿佛在看舞台上的偶像明星般，仔细聆听理查的说明，突然，我回过神来。

"北极点最近的气温变化"图表，好像有哪里怪怪的。

3 月 24 日　−42℃

3 月 25 日　−50℃

3 月 26 日　−50℃

……真的假的？现在这个城镇虽然只有 −50℃，我在外面待个五分钟，戴着两层手套的指尖就冷到隐隐作痛了，−50℃ 的话，还真是无法想象情况会是怎样。

除此之外，还遇上大幅变更行程的状况。由俄罗斯人准备的雪上飞机跑道与营地尚未完成，因此，出发日期会向后推迟两天。

虽然我心里想着："啧！搞不好会赶不上回国的班机啊！"但主办单位已经说了："不管发生什么事，都别被吓傻喔！"我还硬要跑来，对变态跑者来说，这种反应也太不帅气了。

"反正明天有一整天的空闲，我要去参加雪上摩托车行程。要做，当然就要挑最吃重的！Ninja 阿裕，你也会跟我一起去吧？"

"当然啊！"

都已经被认定是 Japanese Ninja 后裔了，我可不能让祖先脸上无光啊！

隔天一早，来到雪上摩托车租借公司的办公室，我拿到超厚重的防寒衣、长靴、头盔，穿上这些装备，每个人都变得像相扑力士一样，防寒衣让我们臃肿得不得了。这也代表着每个人都被酷寒的天气逼到极点了吧！

指导我们驾驶雪上摩托车的导游小姐肩上挂着一把猎枪。

"要是有北极熊出现，不吓它一下不行呢！"

我们一面谈笑着，一面开始这场既美妙又可怕的行程。

我们离开了朗伊尔城街道，雪上摩托车划开这片让人联想到"永恒"的纯白世界，径自奔驰着。

一百年前，人类首次抵达北极时，当时当然没有雪上摩托车，而是用狗拉雪橇，装备完全无法与今日相提并论。遥想那个年代的先人们，以人类未曾涉足的北极点为目标，其挑战精神是多么的强烈啊！

我无法自已地想象着先人的毅力，同时也被白色世界给吞没，渐渐地，周围飘起了风雪，视线不良的情况很严重，就连前方 5 到 10 米的雪上摩托车都几乎看不见。即便我身上穿着像宇航服般超厚的防寒衣，手脚仍然冻僵了，盖住嘴巴的口罩，也从吐气位置的周围开始结冰，变得硬邦邦的。

从身体深处开始僵硬，加上乘着雪上摩托车狂奔，持续好几个小时因为白化现象（white out，因降雪速度或雪的反射，导致眼前雪白一片，失去方向感的现象）而模糊视线的恐惧感，让我差点哭着大喊："可……可不可以回家了啊？"

如果要为这趟行程想个旅行社会取的名称：

"在银色世界奔驰140公里！雪烟（粉状雪花受强风吹起，形成如烟幕的景象）雪上摩托车十小时之旅（附有朴素的午餐，极度寒冷，体验白化现象）。"

我好想帮这趟行程想个名号啊！午餐也在车上吃，总共让自己受冻十小时，乘着雪上摩托车到处奔驰，真是非常完美的荒唐行为。即便如此，包括我在内的参加此次行程的北极跑者，却都还是很开心地笑着。

"不妙，比赛之前，心境上可不能输给海外选手啊！"

在140公里旅程的尽头，终于可以看见朗伊尔城的轮廓，一声令全场人傻眼的"呀呼——"赞叹声，竟然是从 Japanese Ninja 的后裔嘴里吐出来的，这个瞬间，应该值得被列为日本国要向海外各国死守的最高机密吧。

其六　人生最长的全马

2012年4月7日，飞往北极的日子终于到来了。

昨晚紧急召开的说明会上，决定所有选手分乘两班飞机前往北极。第一班于早上九点出发，同一架飞机往返需要六小时，因此，第二班次预计下午四点出发。我搭乘的是第二班飞机，抵达北极应该已经晚上七点了吧？虽说如此，不管几点抵达，北极都是永远的白天——极昼，一切不过是心理问题罢了。

接送选手前往北极的是俄罗斯飞机，前半部分为客用座舱，后半部分或许全用来放货物了，货用空间没有座位，很像是空少的大叔，稳若泰山地坐在那里，当然，没有系安全带，起飞时也一样。附在座椅后方的折叠餐桌，破烂到不一直用手压住的话，仿佛随时都会飞出去一样，不管怎么看都够随便的，俄罗斯的飞机真是超 Rock 的啊！说到这，说明会上坐我隔壁的选手偷偷说了这么一句话：

"要说北极马拉松有什么可怕，大概就两件事。一件是寒冷，另一件则是俄罗斯飞机。"

不愧是俄罗斯啊！

搭乘恐怖的俄罗斯飞机，摇摇晃晃约两个半小时，高度逐渐下降，老旧机舱内回荡着疑似要解体的震动声响。终于，大伙平安地"登冰"北极了（毕竟北极没有陆地，所以不能说是登"陆"）。

什么啊！这种冰冷的程度，是我从未体验过的酷寒……比起这个，那又是什么啊！眼前光景真是不得了，说穿了北极就是"浮在北冰洋上的巨大流冰"，因此没有好似山丘的高地。目光所到之处，是一片除了冰冻的蓝白冰层外，什么都不存在的世界，不禁让人怀疑自己是否身在地球上，这番冲击性的景色，让人全身热血沸腾。我现在可是站在北极上啊！

感动归感动，但还是很冷。我全身颤抖地迈开步伐，走向距离冰上跑道不远处的选手营地，虽说是营地，也不过是在大帐篷里塞上数十张简易折叠床，再放上厚睡袋的简陋设施，一个人分配到的空间，不知道有没有一张榻榻米大（约莫半坪*）。无论是亿万富翁还是顶尖运动员，大家都感情很好地挤在一起睡。

站在所有被召集而来的选手面前，北极马拉松的创始人理查愉快地丢出这句话：

"搭乘第二班飞机抵达的选手们，我有件要紧的事要宣布……三个小时后，也就是晚上十点开始比赛好吗？"

喂喂，这不会操之过急了吗？我心里这么想着，但周围许多选手却欢声雷动："完全没问题！啥时开始都 Welcome 啊！"

大家到底是有多想跑啊？

于是我开始着手准备赛事，马上就变得手忙脚乱。首先是粮食补给的问题，一般的全马，通常会在比赛开始前四小时先用餐，这样开跑时才能确保食物消化并转换成能量。但现在可没这种闲情逸致，我拿出历经 7000 多公里长征，从东京一路用生命保护着的豪华美食——快餐炒面"一平ちゃん大盛り"，难掩喜悦之情地注入热水，等待三分钟后便匆忙送入嘴里；接着是无论如何都想完成的重要作业，利用在成田机场租来的铱卫星电话，以及工作锻炼出来的 IT 力，把握空档更新推特近况，"北极 Now"。

除此之外，我还有更重要的使命。我必须背负全世界的梦想，变身"挑战人类首例"的忍者！

我慢条斯理地穿上黑装束（防寒装备），再把忍者刀配在腰间，周围的选手马上凑近我这个 Crazy Japanese 看热闹。

---

* 坪，源于日本传统计量系统尺贯法的面积单位，1坪≈3.3平方米。——译者注

"喔，你是武士啊？你是武士的后代吗？"

"不，我是忍者，这可不是武士喔！"

"忍者啊？武士跟忍者不一样吗？为什么不扮武士而扮忍者呢？"

"我的小孩在学剑道，是武士的粉丝，请你跟我拍张照！"

在创下人类史上首例的伟业之前，武士跟忍者的差别一点也不重要，总之，只要有人为我尖叫，差不多就达成目标了。

距离起跑时间越来越近，尽管因为白昼的关系，外头一片明亮，但对选手们来说，仍然是晚上十点的比赛，不管跑得多快，都将面对一场"彻夜"马拉松赛事。

选手们的身上裹满超厚的防寒装，戴着面罩和墨镜，根本无法分辨谁是谁。唯一能辨识的，是身上别着的号码牌。一群人热闹地齐排站在起跑点的旗帜下，随着主办人理查的倒数计时，2012年的北极马拉松终于开始，以间隔数十米的小黑旗标示选手们的跑道。

比赛前我调查过，过去的优胜记录是五小时左右，我已经做好相当程度的觉悟，不管多努力跑，应该都会比过往经历过的全马还要耗时。总之，先跑在队伍的最后方观察状况，接着再逐步加快节奏。

依照踩踏的位置不同，雪或冰会发出"啾啾""咔咔"等丰富的声音，实在很好玩。不过，虽说这是理所当然的事，尽管身体因为开始跑步而变暖，仍然令人冷得发痛，跑不到一小时，汗水与酷寒逼出我的泪水，眉毛和睫毛已经结冰了。就像那张赛前朋友给我看的照片，最后我的脸应该也会盖满冰吧？最麻烦的是，睫毛上的冰越结越大，眨眼时，上下睫毛马上就会黏在一起，眼睛张也张不开。说明会上提到过处理这个状况的方法，若是戴着手套把冰块搓掉，很可能伤及皮肤和眼睛，因此只能脱下手套，把手放在眼睛上，用体温融化冰块。三层手套下的指尖痛到像要结冰了，但眼睛持续睁不开也不是办法，只好拼了命地忍受寒冷，不停重复地将手指放到眼睛上，融化睫毛上的冰。

最艰困的是无论如何脚都会陷入雪中，看似扎实的地面，有的踏上去雪就会埋到脚踝，让我差点跌倒，有的却又刚好相反，好几次是真的直接摔倒。过程中大量使用一般马拉松不会用到的肌群，因此，超乎想象的运动伤害也逐渐累积中。

当我知道过去的优胜记录在五小时左右，每年的参加人数又只有数十名时，老实说我是以前几名为目标在跑，因为当时我的全马最佳纪录是三小时十五分钟。

"搞不好还可以跑出个优胜？"

结果却出乎意料的吃力。起跑后，三个领先集团的选手就以与众不同的速度领导整场比赛，观察下来，参赛者里应该夹杂着好几个职业运动员。包括我在内的第四到第六名选手，从序盘开始就维持着不相上下的拉锯战。起跑还不到 15 公里，"这还真棘手啊，小野君！"我不禁开始嘲笑自己的肤浅跟乐观。

不管是哪种体育竞赛，从站在起点的那秒开始，绝对都是名次越好越让人高兴，不过，马拉松的宗旨不在于跟别人战斗，而是跟自己战斗。根据因时空而有所差异的年龄、训练量、素质与身体状况，进行"我到底可以控制现在的自己到什么程度？是否能挑战极限呢？"的拉锯赛。

比赛开始不久后，前三名一下子就跑得不见踪影了，我的名次在第四名前后反复，一会儿是第四名，一下又掉到第五名，或是被第六名选手追赶上。比赛来到中盘，不知是第几次掉到第五名的我，渐渐追不上前方的第四名选手。明明赛程还不到一半，双脚却已经感受到前所未有的疲惫。

"这个时间点就已经精疲力竭，到后半段不就只能一直落后吗？"第四名选手拉开和我的距离，跑到了很前面，让我十分沮丧。

截至目前，碰到朝我靠近的摄影师或是在营地看热闹的俄罗斯人，我都会边跑边拔出忍者刀表演，试图博君一笑，但这份余裕最后也渐渐消失了，我的笑容也变得越来越僵硬。

"第几名都没关系啦！我现在可是跑在北极上耶！这种经验搞不好没有第二次了，总之，只要好好享受就行了吧？"

尽管我这样安慰自己，却还是无法用"第几名都没关系啦！"的借口让自己踩刹车。

明明还能挽救，却渐渐开始想偷懒。

我无法原谅只努力到这种程度的自己。

因为来到这种地方比赛，我所追求的不是名次，而是不后悔的马拉松。

北极马拉松的主办单位，为避免冰隙（冰原上的巨大裂缝）造成危险，将赛程设计成 4.2 公里的环状赛道，总共要跑十圈。补给饮水和食物的帐篷设置在赛道的起跑点与终点处，虽然补给会浪费些许时间，不过若是不补足，随时都有可能脱水或能量用尽。只是，被前面的选手拉开距离，或是让后方选手有机会逼进，两者都让人不想浪费时间，因而拼命忍耐不进帐篷补给。跑在我后方的选手，同样观察着我是否跑向帐篷，以此决定自己补给的时机。

我尽全力减少补给造成的时间浪费，边跑边拟定策略，三圈

（12.6 公里）和六圈（25.2 公里）时补给两次，剩下的 17 公里完全不补给，就这样直奔终点。

我已经完全看不见超越我成为第四名的选手的身影了，另外，跑在我后方的第六名选手，以我为目标，一步步逐渐逼近。在我稍有余裕的时候会想着："我把节奏拉快啰！怎么样！"不过不久后就又会听到后方传来第六名选手的脚步声。从拉大距离还是会被追上这点来看，对方应该保有超越我的体力，然而，他却选择不超越我，紧紧跟在后方。

"难道……他的作战计划是要一路跟着我到最后冲刺，等我体力衰弱再一口气超越我？"

要是被他超越，心情应该会很沮丧："哎呀！反正都被超越了，已经玩完了。"不过某种程度上也因此变得安心，找到要赖的借口放慢速度。

"这么辛苦不如就假装跌倒，让对方一口气超越我吧？这么做应该也比较轻松啊！"

想偷懒的情绪不断浮现，不过，我还是不想被超越。

比起"不想被对方超越"的决心，一切明明还能挽回，说到底，我还是不想"输给我自己"。

稍微放慢步伐，就可能马上被超越，一步都大意不得。

我集中视线，寻找好跑的地面踏出步伐，即便只有一点点，也刻意大幅度挥动手臂，尽力迈开脚步，持续这样做之后，你看，虽然很辛苦，不久后却偶尔会感到轻松不是吗？就这样一路跑下去，我还可以跑。

从第四圈到第七圈为止，大约有两个小时都能感受到逼近我的第六名选手，我只能一路往前跑。过程中有好几次备感挫折，但只要心想："我可是在如此不得了的景色中跑步啊！"抱着这样的感动和感谢就能让胸口重获温暖。跑过慢了几圈的选手身旁，跟他们打招呼时，我觉得别人一定在心里想："穿着什么白痴装扮跑步啊！"这样安抚着曾想把辛苦当理由偷懒的自己。

像这样被别人追赶两个小时，等我注意到时，之前无法望其项背的四号选手，其背影被拉近到伸手可及的距离了！

这绝对要迈开脚步追过去！应该办得到吧？

等一下，如果超越他，接下来就得承受被超越的压力，这样不就更辛苦了吗？

目前为止，已经忍耐有两小时以上，要是之后比现在更痛苦也没关系吗？

可是，可是，我应该还跑得动吧！这是难得的北极啊！不该把力气给用尽吗？于是，我再度舍弃那个想偷懒的自己，继续迈步向前跑去。

比赛来到第九圈，超过 33.8 公里处，我与前面的选手并排，然后顺利超越了他，再次回到第四名。

"就算超越别人也绝不回头看，只专注在自己的马拉松上。这么厉害的比赛，再怎么能跑也只剩两圈了，不好好享受到最后，岂不是太暴殄天物了？"

速度加快，呼吸也随之变快，戴着防寒面罩跑，让我呼吸越来越痛苦，好想摘掉面罩，不过，如果摘下来，脸颊马上就会因为酷寒而犹如刀割般疼痛；要是因为受不了而再度戴上，面罩也早已被冻得硬邦邦的，只能暂时靠吐气提高温度，这样别说是防寒了，反而招来反效果。

比赛一开始就异常疼痛的左脚趾尖，不知是否因为寒冷，感觉好像快失去知觉了。我的三层手套里塞有暖包，应该要确实保暖才是，不过却因为寒气穿透而渐渐感受不到知觉，有好几次我一边在手套里握拳，靠掌心温暖指尖，一边心想："指尖该不会冻伤了吧？"

负面因素要多少有多少，其实全部都跟"我不在意名次，只要轻松又开心地跑完就好"的想法有关，当我发现我的腰因为忍者刀摩擦而疼痛，所有的负面因素当下都变得很可笑。

"这么说来，为什么我要穿成这样在这里跑步啊（笑）？"负面的心理因素都是理所当然的，这里可是北极啊！我特地来北极跑马拉松啊！明明没人要求我，我却还穿着忍者装啊！又冷又痛都是理所当然的嘛！

这样一想，心情突然变轻松了，这正是扮装跑马拉松的效果！连自己都可以蒙混过去。

我保持在第四名的位置，按照计划，第九圈结束也不补充水分，就这样跑向第十圈，开始我的最后冲刺。

第十圈跑到一半，落后数圈的选手经过我时，喊了声："Good job！加油！"猛然回头，本来应该跑在后头的第五名和第六名，竟然都已看不见身影了。

"太棒啦！我赢啦！"

这话并不是针对第五、第六名选手喊的，而是针对战胜超过两小时苦难、曾被领先的选手甩掉、被后方选手持续追赶、只是一味想着要输了、心里充满借口的那个自己而喊的。

截至目前的辛苦全都烟消云散，体内升起一股爽快感和成就感。

这么一说，墨镜上好像装有小型摄影机。

"好，最后冲刺就一边录像一边跑，好好留下抵达终点的感动画面吧！"

想是这样想，按下录像键后，却一点反应都没有！看来应该是太冷让电池罢工了，不过没关系，录像之类的已经不重要了，因为终点就在眼前了。

人类史无前例的瞬间！说不定会上新闻或做一些全球性的报道，我脑中幻想着各种可以成为头条的姿势，右手握着忍者刀，左手抄起放在口袋里的玩具短剑，以一种除了自己之外，恐怕没人能理解的"貌似忍者的弯腰小碎步跑法"向前冲。

我超越了终点线。人类首例，角色扮演忍者跑完北极马拉松！

我办到啦！人类，终于来到这里啦！

恐怕没人会觉得这是历史性的画面，我逼迫在终点等待的摄影师帮我拍照，心中尽是感慨地摆弄各种姿势。

我的纪录是五小时七分五秒，位居第四。虽然很接近去年与前年的优胜纪录，相较于四小时内跑完全程的前三名却还是差得远了。

最后才超越的第五名选手，在我抵达数分钟后也抵达终点了。彼此不需言语也能意会，只是互相凝视，紧紧握手。

"你真的很强劲啊！不愧是忍者。"

"不，正因为有你在，我才能那么努力，谢谢你。"

我曾陪伴初次挑战马拉松的朋友，用五小时以上的时间跑完全马，但如此认真地面对自己、自我控制，用这么长时间跑完全马却还是第一次。况且，还是在北极点这个极寒之地。

对了！因为极昼的关系所以完全忘了，经过五小时赛事的现在，挪威时间已经是凌晨三点多了。

凌晨三点起床，晚上十点起跑，跑完又来到凌晨三点，也就是说我彻夜跑马拉松了啊！不管怎样，真是做得太好了！满足感非同小可，太开心了！就在我沉浸于感动的瞬间，又突然意识到周围让人冻僵的寒意，这实在是太冷了，我全身直发抖，连忍者刀都收不进刀鞘，这不是计较是忍者还是人类首例的时候了！身上的汗结成冰，快要冻死我了，必须赶快返回帐篷！

其七　成为传说的忍者刀

身体因为寒冷而打战，我慌张地跑回帐篷，开始卸下忍者装备，忽然发现一个让人错愕的惊人事实。

"啊？我一直把墨镜戴在头上吗？"

赛程中，最痛苦的"睫毛结冰，一眨眼眼睛就睁不开"的困扰，其实靠墨镜就能避免，我到底在搞什么啊？

认真回想起来，因为起跑太过兴奋，看着眼前令人感动的景色，我决定"要把这片光景烙印在眼睛里"，于是一直把墨镜挂在额头上，五个小时里完全忘记它的存在。虽然对自己的愚蠢感到傻眼，但还是姑且归咎于如此艰困的环境吧！

此外，帽子、手套、围颈等装备内侧皆被碎冰覆盖，帽子的下巴位置还垂有五公分左右的冰柱。虽说已经几乎没感觉了，却发现总觉得"好像怎么了"的左脚中趾已经变成蓝色的，这对跑者来说十分熟悉，就是"趾甲，改天再会啰"的情况。哎呀！趾甲不过是装饰品，跑了就会掉，掉了也还是能跑嘛！

当然，营地不可能有淋浴设备，所以我想先换上干衣服，但正当我要打开行李箱时，整个人都错愕了，因为当初我只想着穿忍者装跑步的事，赛后安排忘得一干二净，换洗的干爽防寒衣带得七零八落。其他选手都穿着看似温暖的羽绒服，每个人都胖嘟嘟的，我就算穿上所有干燥衣物，看起来还是一副弱不禁风的模样。无论如何，还是要向担心我的人们报告现况，必须走到帐篷外使用卫星电话才行。

鼓起勇气冲出帐篷，我喊着："好冷！这什么鬼天气！"无法抑制地全身颤抖，一边摩擦着全身取暖，一边用冻到没感觉的指尖更新"跑完了"的推特动态。对了！还得打电话向爸妈和老婆报告，首先打给爸妈。

"啊，老爸？呃，我啦我啦，那个，我跑完了，刚刚，穿忍者装，马拉松，北极。"

这并不是什么暗号，只是因为我快冻僵了，脑袋和嘴巴都无法好好运作，不过我的感动应该已经确实传达了。对于先生总是到处参加奇怪的比赛而备感烦恼和担心的老婆，应该也要打个电话让她安心才是。我的指尖不听使唤地颤抖着，压抑这份焦急的情绪，反复着按错和重新输入老婆电话号码的过程。

"您拨的电话目前没有讯号或关机而无法接听……"

天呐！话说日本时间是几点啊？

至少事态没有演变成"人家睡得好好的，打什么白痴电话吵我啊秃驴？老娘要买下整个银座喔，用你的信用卡喔！"我还是好好感谢上天吧！

"啊……你睡了吗？喔，我！忍者！北、北极，跑完了喔！喔！第四名！虽然很高兴，但是超冷的！是的，好冷！先挂了！"

还是先在语音信箱里留话吧！为了避免老婆难掩笑意地叫来保险公司的人，至少必须报告一下我还活着。

平安完成完赛报告后，帐篷内的暖气让身体暂且回温，我点了一瓶期待已久、在营地内贩卖的俄罗斯啤酒。即便现场多数工作人员都是俄罗斯人，但这里位处"公海"，北极营地不属于任何国家，使用的货币是欧元而非俄罗斯的卢布，看来，连俄罗斯人都不信任自己国家的货币啊！500毫升的啤酒，一罐5欧元（约550日元），价格还算合理，跟日本温泉旅馆里的价格差不多。

虽然最近才在俄罗斯看到一则新闻，"由于啤酒的酒精浓度较低（相较于伏特加），曾被认定为'不属于酒类而是清凉饮料'，然而，近来因啤酒导致的交通事故增加，只好将啤酒认定为酒精饮品"。不知道这是开玩笑还是认真的，但在北极营地里喝的俄罗斯啤酒，酒精浓度确实有5.4%，味道棒得不得了。

我心情大好地灌下啤酒，一边借机舒缓连续奔走二十四小时以上的疲惫身躯，一边拍手迎接陆续回到营地的其他选手。最后抵达的女性跑者，走了将近十二小时，终于回到终点，整整十二小时，在那极寒之地，不曾放弃地跑回终点，真是太强韧了！就这样，所有参赛者都完赛了，真是了不起！

所有跑者都平安到达营地之后的活动，就是期待已久的"前往北极点"。赛事进行的过程中，承载着营地的北极巨大流冰，也不停地在北冰洋上移动，因为营地漂得离北极点有点距离，因此主办单位决定用直升机把所有选手载往北极点。

俄罗斯人的行程表，一如往常地有跟没有一样。在不停地"预定变更"以及等待之下，挪威时间的凌晨五点，我们才终于挤进俄罗斯制的破烂直升机里。望着脚下张着血盆大口的冰缝，在震耳欲聋的噪音和震动里晃了大约十分钟，终于降落在一个看起来像"点"的地方。

虽说是"北极点"，却也不可能插着"欢迎莅临北极点"之类的广告牌，所以实在没什么真实感，俄罗斯人热情的服务精神就在此时派上用场，只见他们慢条斯理地在冰上开了个洞，拿出应该是以俄语写着"北极点"的柱子，立在感觉像是北极点的位置上。柱子上附有疑似标示着各大主要都市的方向与距离指标，但所有牌子都被分成左右两边，其中有个都市的指标牌还因为螺丝松脱整个下垂，有个俄罗斯人察觉到了，便拿出螺丝起子重新锁紧牌子，说道："这样就完美了！"感觉还是相当的随性。不过，加上这根柱子后，看起来确实有点像在北极点了，不是吗？

曾经期待自己会是"人类史上首例"，但很遗憾地，早在两年前就被人抢先了，"北极点 Now"的推特动态，也经由卫星电话发完了。在这样不甘心的情绪下，我玩心大起，拔出忍者刀，嘿的一声刺向"北极点"。

等等，这该不会是长达四十亿年的地球生命史上首次发生的事件吧？我成了"地球上第一个用忍者刀行刺北极点的生命体"，周遭跑者难道没察觉自己正目睹着将来会被称作"北极点事变"的大事件吗？我持续幻想着，控制不住脸上的傻笑，这把忍者刀也许真的会成为传说吧！总之，我们在北极跑完了马拉松，也真的踏上了北极点。在这个一百年前人类曾赌上性命前来的地方。

　　如果两年半前我没有开始跑步，几个月前也没有头脑发热地"立马下订"，就不可能跟这些疯狂又出色的伙伴们一起创造这么棒的经验了。

　　"自己想挑战的任何事，最大的难关都在自己。"

　　我再度在心里刻下这份感动，道别这个令人惊叹的地方。

抵达北极，跟周围的人比起来穿得太单薄，但为时已晚……

比赛前，穿着借来的重装备，开启雪上摩托车之旅

选手们住宿的帐篷，门没有办法完全关紧。

一个帐篷里躺满将近二十名选手。

北极马拉松起跑，狗狗也来加油。

沿着小黑旗标出的路线向前跑。

在摄影师面前摆出特别演出的姿势。

穿着忍者装拍照，抵达北极马拉松终点的瞬间。

"忍者站在北极点上！" 所有城市只分成左右两个方向。

　　辛苦练习的时候，我常想尽办法偷懒，就算是平常的训练，也到处找借口想要休息不跑。

　　这时，我总会"想办法营造不跑不行的情况"，尽量报名参加各种比赛，然后在网络或其他公开场合发表"我报名参加了某场比赛"宣言。即便如此，一个人去参加比赛还是有偷懒的可能，如果找个人陪自己一起去，那就更没有逃避的余地了。

　　每当发现有人受到我的"不良"影响，决定"我要开始跑步！"挑战全马甚至100公里马拉松时，对我来说都是个好机会。一旦确定没有出差或其他参赛行程，就会联络对方："我要跟你一起参赛！我会穿着白萝卜装陪你跑哦！"这类"立马下订"的参赛行为已然成为我日常生活的一部分。

　　陪伴首次参加马拉松的朋友跑完全程，不单是一次很好的练习，别人初次参赛的兴奋感与首度完赛的成就感，也会为我带来很大的刺激。虽然经常被别人感谢："托小野先生的福，我跑完了！真的好开心！"但应该表示感谢的人其实是我。

　　我把比赛变成习惯，逐渐发展出"沙漠250公里马拉松的隔周参加100公里马拉松"，或是"一个月要穿萝卜装陪别人跑三场100公里马拉松，中间还穿插三铁"，半年内只有一天休息，每天都塞满行程。

即便是爱偷懒的我，双脚也因参加多场比赛而确实锻炼起来，接受许多第一次完成马拉松的人的感谢，穿着萝卜装跑步时，总能获得人们的声援："你是小野先生对吧？我看过你的博客，你给我很大的勇气！"我所获得的，全都是令人感激的事。开始跑步，真是太好了。

看着这样的我，老婆在推特上发文："当初以为他是居家好男人才跟他结婚的，那时完全没听说他会像笨蛋一样跑步，要是他再这样得意忘形，擅自到处报名参加奇怪的比赛，老娘就'立马下订'跟他离婚！"这样的动态近况成为家中二老茶余饭后的话题，在酒桌上聊着："佑美（老婆的名字）今天也很有精神啊！"真是太感恩了。

第三章

"Hola，我要去南极跑100 公里马拉松！"

其一　因为是北极的对面

"Hola（西班牙文"你好"），我要去南极跑 100 公里马拉松！"

又来了，不小心"立马下订"。这次我拿着通往南极的门票，满心欢喜地回到家里。

时间回到 2012 年 4 月。跑完北极马拉松回国后，搭乘自成田机场返家的电车，一股难以名状不可思议的情绪使我胸闷难耐。

绝不是因为归国后一切景象事与愿违，别说是记者群了，连只小猫都没出现。

"几十个小时前，周围还是一片纯白的地平线，现在这是什么啊？眼前这个世界充满了人造物。"

没错，才刚回日本，我的"毒瘾"又发作了！跑到地球顶端的冰块上，穿着忍者装，兴奋地挥刀跑完全马。从北极回日本将近四十个小时的航程里，不知是否因为肾上腺素飙升，我没有入睡。我想再体验一次那种像被雷打到的经验，不，我想要更强烈的！

于是，回到家的当晚，我坐在计算机前，回过神来，画面上显示着"南极 100 公里马拉松，报名完成！"的字样。

没有复杂的理由，只是在北极点挥舞忍者刀后，回到家闲着时，刚好手边能上网罢了。

"因为在北极的对面，下一个目标就选南极吧！"

毫不考虑地"下订"，也是极为自然的事不是吗？

不过，报名之后，我大吃一惊，犹如哥伦布竖鸡蛋的典故那般，我差点从椅子上摔下来。

"试想，几十个小时前，我不加思索地在北极点插下忍者刀，引发'北极点事变'……如果……假设……我在另一端的南极也同样拿出忍者刀行刺的话……"

脑中的妄想达到极限，鲜明地浮现着漂浮在漆黑宇宙中的地球，被一把忍者刀贯穿南北极的影像。

"这……别说是人类史上首例了，甚至会被记载在世界史教科书上，喔不，这样的霸业堪称大事件，不是吗？"

上哪找比这更厉害的浪漫事件啊？

距离北极马拉松仅仅数十小时，我马上决定半年后要以忍者装扮前往南极跑马拉松。半年前的我恐怕想都没想过，自己竟然会在一年内踏上北极，接着又朝南极迈进。

这时，我早就把"当初参加北极马拉松的理由"是"因为在南极对面"给忘得一干二净了……

虽说是"南极马拉松"，其实总共有两种比赛，即有"四大沙漠马拉松"之最后大魔王之称的"LAST DESERT"南极马拉松，以及北极马拉松主办人理查所举办的"南极 ICE MARATHON"。

我经常试图做些超越"预想"的事，经过我的调查发现，相较于四大沙漠马拉松的南极路线，"ICE MARATHON"的举办地点更深入南极内陆，更加靠近南极点，几乎可说是"在地球的最南端开办的马拉松大会"。

嗯，不管怎样，那就是 ICE MARATHON 了吧！

根据我的进一步调查，ICE MARATHON 里，除了"全马组"，还有"100 公里马拉松组"。虽然北极马拉松只能挑战全马（这也已经十二万分艰困了），在极地里跑 100 公里的困难度，光想想就让我止不住笑意。

嗯，不管怎样，那就跑 100 公里吧！

除此之外，据说跑完南极 100 公里马拉松的人，每年只有三到五名而已，这么一说，该不会……

"大家好，我是世界王者！"

糟了！这下就算在成田机场被记者包围也毫不意外，终于轮到我站上世界舞台了！

报名完南极 100 公里马拉松后，我得意扬扬地读着参赛说明，忽然注意到一件事。

"原来大会也准备了半马组，不过每年参加人数只有零到两名。"

嗯，跑半马的话，应该更容易成为世界王者吧？啊，吵死了！都已经报完名了，重要的不是办不办得到，而是要不要做吧！

话说，不愧是跟我生活了十年以上的老婆，对于我私下偷做的坏事极其敏感。

"你！一定又偷偷报名了什么对吧？看你这副傻笑的德行。"

"佑美，对不起！我不小心搞错了，而且我已经在推特上发文了，我爱你，听我说！我搞不好会成为世界王者耶！"

"我是不知道你要去哪里，不过你要是世界王者，老娘就是千手观音，因为我有一千只手，所以需要一千个新包包！唉！无论如何，给我好好努力赚钱吧，小野君！"

"不要输给自己。"

是的。在出发之前，这场跟自己对决的战斗就已经开始了。

其二　这不是超赞的吗？我的战略

"失败为成功之母。"

正如爱迪生所说，人类必须从失败中学习。

北极马拉松有好多值得反省的地方，当时我就好像喊着"眼镜、眼镜"，慌忙寻找着眼镜，眼镜却一直挂在额头上的老爷爷，护目镜挂在头上却忘得一干二净，这类芝麻小事就先别说了，最重要的是防寒对策尚有很大的改善空间。

我仔细调查了一下，北极马拉松和南极马拉松的差别，在于北极点的温度维持在 -50℃到 -40℃之间，南极则因风速与天气变化，体感温度会有 -40℃到 -10℃的剧烈变化；此外，北极马拉松出于冰缝等安全考虑，赛事区域限定在 4.2 公里的赛道内跑十圈，南极 100 公里马拉松则是在 25 公里内跑四圈，赛道范围较大，在如此广袤的区域里奔跑，万一发生什么状况无法动弹，搞不好也不会有人发现，随时都有生命危险。

虽说为了安全考虑，防寒措施应该要做得比在北极更完善，但是穿得越多身体就越重，连带着拖累速度。特别是体感温度在 –10℃左右时，适用于北极点的穿法又会太热。

这还真是两难。

几经思考后，我拟出了一套战略，命名为"两面作战"。

说穿了其实很简单，就是准备两套装备，一套彻底防寒，一套则着重于轻量，在较为温暖时穿。不用说袜子了，我连鞋子都准备了两种，依序为南极之行而准备着。

这次是我第二次挑战极地，除了活用北极的经验改善战略，好像也该抱持留有余裕的心情和玩心来临战。对了！因为在北极没能做到，这次要带瓶威士忌去，为了"用当地冰块喝 Whisky Rock（威士忌内只加入巨大冰块的喝法）"，既然要做，当然要用最棒的杯子喝，买个耐寒的强化玻璃杯好了，同时也得准备因为"在北极不存在"而没采用的企鹅装扮。如同"两面作战"的文面，就连角色扮演也要确保无论是忍者还是企鹅都能用来进攻，我的战略是不是超赞的啊？

除此之外，朋友赠送我"驱赶北极熊的铃铛"叫我带去，虽然这次不是去北极，而南极也没有熊，不过因为很有趣所以没关系。住在札幌的高中前辈帮我做了个名为"阿歪"的企鹅护身符，问起名字的由来，只说是"做娃娃的同时喝醉了，结果嘴巴粘得歪歪的"，有趣又让人感恩得不得了，当然要带阿歪去南极啊！

对于我"要去南极跑 100 公里"的行为几乎傻眼，却还是为我担心为我打气的人们，送来各种加油道具和护身符，乍看之下，车库完全被和比赛无关的物品给淹没，我得好好在南极体验，跑出超越众人期待的成绩来报恩才行。

该讲究的不只是装备，前往南极的交通方式也该拟出超越北极的策略。前往极地的旅程似乎都得历经多次换乘，相当耗费时间，因此要尽可能找到包含换乘时间在内，又快又便宜的班机。

南极马拉松跟北极一样，集合地点的设计也非常变态，只提示"各位请于 11 月 17 日前，前往位于南美智利最南端的蓬塔阿雷纳斯集合"。工作上练就的 IT 能力再度派上用场，虽然是要前往美洲大陆的南端，但我找到在美洲最北国加拿大转机的班次，来回竟然只要 11 万日元，不单是这样，包含转机时间，全程所需时间比其他行程都还要短，我的战略是不是超赞的啊？

不过后来因为工作的关系，在南极之旅前安插了洛杉矶的出差行程，迫使我更改路线，改成途经洛杉矶的班次，原先经由加拿大的 11 万日元机票，最后以"恕不退费"为理由化为废纸了⋯⋯

其三 几乎全程，一个人的 100 公里马拉松

在日本举办的 100 公里马拉松，限制时间大概都是十三到十六个小时。

这么长的时间里，支持着选手心灵的就是补给站（通常每 5 公里设有一个）工作人员的打气、沿路民众温暖的加油声，再来就是选手间的革命情感了。

这下该怎么办啊？南极马拉松的限制时间竟然是二十四小时，根据大会设定的 25 公里跑四圈路线，大概每 8 公里才会有一个补给站。

毕竟报名参加的跑者只有少数几名，补给站里不可能二十四小时都有工作人员，即使有工作人员在那边等着，等到选手跑到定点，他们大概都已经"结冰"了。

当然，沿路上不可能会有加油打气的民众，要是沿路上有挥手的人，大概就是想把人带往另一个世界吧？跟着去可不行啊！会死人的！

就算得不到人类的声援，要是有可爱的企鹅陪我一起跑，看着那步伐不稳的身影，总会让人心头一暖的吧？于是我立刻上网查，结果"因为比赛场地位于靠近南极点的内陆，所以没有半只企鹅"，这下可糟糕啦！

看来只能仰赖"选手间的革命情感"了！漫长的 25 公里环状赛道，如果只有三五个人在跑，很有可能从起点到终点都不会跟任何人擦身而过，堪称"全程都是一个人的马拉松"，这是什么状况？跟北极赛事根本南辕北辙嘛！

随着时间流逝，2012 年 11 月 18 日，我从东京出发，前往洛杉矶出席工作上的会议，再经由迈阿密进入智利，总计搭乘了五趟航班，终于抵达智利最南端的城镇，蓬塔阿雷纳斯。刚进入集合的饭店，就发现数十个月前才在北极马拉松见过的熟面孔，北极点的死斗依然记忆犹新，虽然彼此不过两面之缘，这两面却是"北极与南极"啊！"真是爱凑热闹，我们都是笨蛋啊！"这种话即使不说出口，仅仅四目相交再微笑握手，就已不言而喻。

选手们集合完毕，便由暌违半年又再次碰面的主办人理查开始南极马拉松的说明会，乍听之下，尽是跟北极马拉松完全不同、让人心生畏惧的内容。

——由于天候会急遽变化，一刻都不得大意。

——若是遇上强风，必须赶快抓住行李之类的重物，小心别被吹走。

——只要天气一稳定就开始比赛，需做好随时都能跑的准备！请各位安心，这里跟北极一样是极昼，所以会一直是白天。

——风速增强时会引起白化现象，看不见赛道就不要乱跑，以免救援队找不到你。

——过去曾有选手因为白化现象跑出赛道而失踪，十四个小时后才被找到，那时他还活着啦！

除此之外，还给我们看一些过去选手们冻伤的照片，真的好恐怖！

就在说明会即将结束时，突然开始进行北极马拉松没有的"装备检查"，果然南极的比赛比北极还要危险吧？检查我装备的工作人员反复看了我的配备，神色相当吃惊，丢出连珠炮般的疑问。

"除了鞋子，你没有带靴子吗？"

"你的衣服，整体看来都很单薄，真的有办法多层次穿吗？"

"你没有带颈围啊？耐得住寒冷吗？"

"那个黑色棒状物是什么东西？"

我握紧传说中的忍者刀，工作人员歪着头看我，我脑海闪过一丝念头："要是以装备不足为由不让我跑就糟了！更糟的是，万一忍者刀被没收，我就只好用刀背打他，然后想办法逃走了。"我满是手汗地回答对方的问题，最后只被叮咛："要是没有靴子真的蛮危险的，等等来办公室租一双吧！"平安通过这次的行李检查。

走进指定的办公室，除了我以外，竟然还有十五名左右同样被提醒的选手，大伙一问，发现租一双靴子大约要 9000 日元，虽然我很想吐槽："大哥，你这生意也太好做了吧？赚饱了对吧？"但考虑当下的立场，却还是没办法说不，都来到智利南端了，现在可不能被一句"You! 我要以装备不足取消你的参赛资格！"给打发了，然后灰头土脸地没脸回国。

其四 达成霸业

从智利南端的蓬塔阿雷纳斯出发前往南极大陆的营地，总计要搭四个半小时的飞机。

抵达蓬塔阿雷纳斯机场时，跟一般航班一样，行李必须先通过安检，虽然我心惊了一下："随身行李里的忍者刀该不会被发现吧？"然而检测机前一个人也没有，行李就只是通过一下，这……随便也该有个限度吧？破旧的南极直达机在跑道上等着选手们，踏上登机的阶梯前，必须先踩过浸泡红色消毒剂的垫子，鞋底消完毒才能登机。

这个举动是为了遵守南极条例，"禁止携带或留下来自外界的细菌或生物"，机场内的行李检查很随便，飞机也很破烂，但该做的事情还是做得很彻底嘛！另外，跟前往北极的班机不同，飞往南极的飞机可是会提供餐点的。不知为何，有部分参赛选手被要求帮忙分配餐点，从他们手中接过的令人期待的"飞机餐"，不过就是在薄薄的纸盘里放上没烤过的吐司，夹着一片干酪和一片火腿，不过还是很感谢，有得吃就很足够了。

约莫四个半小时后，虽然乘坐着几乎没窗户的货机，看不到外面景色如何，但高度逐渐在下降，机内回响着降落于南极的声响和震动声，所有人一起拍手迎接这一刻的到来，这双曾踏上北极的脚，如今也登陆南极了！"这是人类的一小步，对我来说，却是无法衡量的一大……危机！"

飞机降落的地方是冰上跑道，所以脚下超滑，踏上南极的第一步差点就要猛地摔惨了，9000 日元租来的靴子因此发挥了大作用，简直就是无价啊！

还来不及耽溺在感慨中，就被一阵非同小可的强风袭击，要是没站好，搞不好会被吹跑耶！南极也是超级冷，就跟北极点没两样。

"我完全小看这里了啊！"

在这样的强风和酷寒之中，真的有办法跑 100 公里吗？尽管如此，南极的风景还是美得不得了。因为南极是大陆，所以有很多山，呈现跟北极完全不同的风貌。我看了一下手表上的海拔显示，这里竟然海拔 930 米，不同于浮在海上的北极巨大流冰，南极是覆盖于大陆上方的极厚冰层，因此海拔很高，气温相对来说也更低。

"这么说来，氧气应该很稀薄吧！"心中闪过一丝不安，然而，望向这未曾看过的蓝白景色，不安感瞬间烟消云散，心情明朗得不得了。远处的山峰之间，可以看到巨大透明的宝蓝色大冰河，我再次因为自己正站在这片伟大的地方而感动。一年之中，可以站上这么厉害的景点两次，这股感激之情温热了我的胸口。

从飞机降落的冰上跑道出发，搭乘雪上巴士移动约三十分钟后，眼前出现北极无法与之相提并论的豪华营地，"UNION GLASIER GAMP"。

供选手住宿的是两人一间的小型半球帐篷，此外，更附设用餐专用的大型帐篷、南极基地工作人员专用的帐篷，甚至还有常驻基地的医生专用帐篷，就这样延伸出一大片营地。

抵达营地后，工作人员开始说明"滞留营地的注意事项"。

——需经常用酒精消毒双手，预防感染。

——所有垃圾都要带出南极。

——不要跑到栏杆外，可能会掉进冰隙里。

——由于臭氧层稀薄加上冰雪反射，因此紫外线非同小可，要随时戴上护目镜或墨镜。

跟俄罗斯人管理的北极犹如云泥之差，说明得超认真啊！

我们预计将会待在南极四天左右，按照计划是明天举办半马和全马比赛，再隔一天才举办 100 公里马拉松。总之，今天没有任何赛事，趁着还有时间，要把最重要的事做完才行，没错。

那就从"史上站在最南端的企鹅"开始吧！

比赛地点位于南极大陆上非常内陆的位置，因此企鹅们无法在这里生活，小弟我不就更该以企鹅的模样，雄起起气昂昂地站在这里吗？为此我特地把单反相机和脚架都搬来南极，就是要有这般干劲！不论做什么事，要做就不能做半吊子。不管脚可能会有多冷，我还是把鞋子给脱了，穿上扁扁的黄色企鹅脚站在雪地上，为完成这项彻底改变生物史的任务，我的脚受寒不过只是小问题。

"你太太是艺术家吗？竟然能做出这么棒的企鹅装，太优秀了！"

"啊！不，这件企鹅装网拍就买得到。"

"什么？竟然是网络上买的？好棒啊！不过这应该很贵吧？"

"呃，在亚马逊买大概 30 美元（约 3000 日元）而已吧。"

"哇喔！不愧是日本！太令人惊讶了！"

企鹅装让其他选手频频尖叫，趁着这股气势，我返回帐篷换装，下一套当然就是 Japanese Ninja 了。

"我要彻底弥补在北极的缺失。"

我曾在内心如此发誓，半年来为南极之旅不断准备着，然而，自日本出发的前一天才想起一个令人震惊的事实。

"在北极的时候，忍者装没能传达出 'Ninja'，反而被误认为是武士，当时感觉有点不甘心，这次在南极一定要想办法挽回颜面！"

回想起我在北极穿的忍者装，是日本人心目中代表"忍者"的黑装束，而在海外提及"Ninja"，绝对会使人想到动画里鸣人（《火影忍者》主角）的鲜艳服饰。好！想出不得了的点子啰！

"虽然有点突然，但我想到一个很棒的点子……不会结冰，又尽可能轻薄，能够在风中飘扬的红布，有没有办法在今天帮我买到呢？"

因为工作而无法空出时间的我，为实现这个突如其来的灵感，只好拜托同样正在上班的老婆，溜出公司到附近的手工艺品店去找布。

"不好意思，我想要不会结冰，又好像能被风吹起的红色轻布。"

"小姐，布本来就不会结冰，还要能被风吹动，到底是要用在什么上面呢？"

"我先生要卷在腰上，好像想一边跑一边让它飘起来，跑 100 公里，在南极。"

"啊！南极吗？你家先生是在剧团当演员还是……"

老婆为了达成丈夫的无理要求，在下北泽的某间小手工艺品店里，劳烦大叔大婶翻箱倒柜为我准备一匹顶级布料。这份恩惠，不要说是一生在老婆面前抬不起头，恐怕进了坟墓也要永远跪着吧！

这次来南极，我将在腰际缠上这匹布，插上忍者刀，狂奔着让红布飞扬，总觉得好像很帅啊！

于是，我穿着跟北极装扮有点不同的忍者装，自信满满地走出帐篷。

"喔喔！这次是忍者啊！"

其他选手扯起又尖又细的嗓门尖叫，听起来真是畅快啊！大量相机围着我拍照，被这股高昂气势冲昏了头，我的手不听使唤地拔出忍者刀。

嘿！既然都来到这里了！

"唰啊！"

（脑海又浮现地球南北极被忍者刀贯穿的画面）

我办到啦！

全世界都期待着的伟业，喔不，这是应该刻在人类史上的霸业！

"阿裕，差不多到了说明会的时间啰！"

周围选手冷静地看着乐昏头、穿着忍者装硬要别人看自己的日本人，亲切地提醒。

主办人理查说明了大赛的注意事项和后续发展，比赛是否举行取决于天气，特别是风，一旦刮起强风，不但体感温度会急遽下降，连视野都会急遽变糟，看不到赛道和其他选手是非常危险的。理查向所有选手报告气象专家的观察。

"明天天气似乎不坏，预计从早上十点开始，举行半马和全马组的比赛。"

面对热烈拍手的选手们，理查又加了这么一句话。

"绝对不要幻想可以用平常跑全马的节奏来跑，平常两小时就能跑完全马的人，有很多来到这里要跑四小时以上才能跑完。虽

然最终还是要视天气跟风势而定，不过平均都要比平常花上 1.6
倍的时间。"

当时，我的 100 公里马拉松最佳纪录为十小时二十三分（两
个月后突破十小时关卡，达到九小时五十三分）。假设直接乘上
1.6 倍，跑完南极 100 公里马拉松不就要花上十六个半小时？这可
不能开玩笑啊！

再者，最重要的 100 公里马拉松开赛时间，"按照计划，是在
半马／全马结束的两天后举行，也就是大后天"，不管怎样，都会
依据急遽变化的天气而定，还是临机应变吧！

其五　这就是极地马拉松

在极地，计划永远赶不上变化。无论是晚上十一点还是凌晨
三点，永远都如同白天般明亮的极昼，让人在不断重复浅眠又醒
来的循环后，终于来到隔日早晨。食堂帐篷的白板上写着："由于
今日天候不佳，原订早上十点开跑的赛事暂时取消，我们将持续更
新情报。"虽然北极马拉松也是如此，不过，一般马拉松的事前准
备理论，像是"几个小时前吃什么"之类的，在这里完全不适用。

午后更新的信息同样是："赛道风速仍在每秒 15 米以上，气
温下降到体感温度 -30℃，正持续观察中，今天傍晚说不定就可
以开跑了。"果然"需做好随时都能跑的准备"啊！

在历经不知道多少次的"延期"后，已然入夜，主办单位聚
集所有选手，宣布："明天一定会举办半马和全马比赛，后天则无
论天候如何，都会举行 100 公里马拉松赛事。"这是当然的，因

为我们也只能再待在南极两天了，据说大后天的天候"恐怕会更糟"，为了将天候和风势的影响降到最低，最初设定为25公里的赛道被缩小为"半马／全马一圈21公里，100公里马拉松则变更为10公里跑十圈"。说明会暂且告一段落，主办人理查对我说了一番恐怖的话。

"裕，你明天不跑全马吗？如果是你的话，我想全马跟100公里应该确实都可以跑完吧？"

搞什么啊，理查·得诺班先生！一问才知道，有好几名选手同时报名参加全马和100公里马拉松。

"不，如果是100公里后再跑全马我是可以接受，虽然没有很在乎100公里的名次，不过跑完全马再跑100公里实在有点……"

这样的反应其实有点不干脆，总是"立马下订"的我，现在却感觉有点像"弱鸡"……

"难得都来南极了，全马跟100公里都跑不是比较有趣吗？假设穿企鹅装跑完全马，再穿忍者装跑完100公里，那不是帅翻了吗？"

神啊，总是默默地守护着我们。

隔天醒来时，已经是全马起跑的十五分钟前了（上午九点四十五分）。

前几个晚上因为极昼而没睡好，今天却恰好睡过头，对我来说这是很少有的事。一起床就立刻换上企鹅装去跑全马，大概不会有比这更疯狂的事了，我的室友纳索斯说："因为你睡得很熟，我不忍心叫你起床。"纳索斯啊！你真是个温柔的男人啊！托你的福，我松了一口气，既然决定不参加全马，就穿上企鹅装帮参赛选手们加油，然后好好为明天的100公里马拉松充电。

让人冷到身体发痛的蓝天之下，聚集着来自世界各地的四十七名好手，齐排站在起跑线，被飘扬的各国国旗所包围，所有人都戴着护目镜，所以看不太清楚他们的表情，但选手们高昂的情绪和紧张感仍旧感染了站在起跑线旁观看的我，让我心跳加速。2012 年的南极 ICE MARATHON，半马和全马组开跑了，随着群众呼喊的加油声，选手们一齐奔向那片白色大地。

起跑后不久，带头的两个人跑得特别快。

"啊，那两个人该不会是……"

没错！他们也有参加半年前的北极马拉松，分别是以些微差距获得冠军的安德烈，以及虽然有点可惜，却也拿到第二名的刘易斯，这两人跑完北极点仍不满足，再度在南极杠上了。据说，刘易斯在那之后取得万里长城马拉松的优胜，状况变得更好了。无论是安德烈还是刘易斯，一看就知道跟其他选手有着极大差距，他们的跑法总是让人看到心神恍惚。

虽然我志得意满地"要全力为选手们加油！"，但自从选手的身影逐渐消失在遥远的彼方后，在他们跑完 21 公里回到原点的这一两个小时之间，我什么事都没得做，这也是没办法的事啊。

这时，就只能力拼"一个人的摄影大会"了，穿着企鹅装的我从帐篷里搬出脚架和单反相机，不断地到处移动，拼命自拍。由于几乎所有选手都去参加半马或全马了，所以营地几乎没有其他人，要不是刚好碰上好时机，这样一个人不停自拍的摄影大会未免也太丢脸了！既然决定不跑全马，就享受不跑的乐子。

第一圈即将结束的时候，领先的选手陆续通过 21.2 公里处，最先出现的会是谁呢？

"两人同时！"

北极马拉松时，曾争个你死我活的安德烈和刘易斯，并肩冲向补给站，几乎两人同时抵达，也都瞬间完成补给，立刻返回赛道上，继续这场激烈的拼斗。补给之后，刘易斯稍微领先，真是了不起啊！真是一场精彩的比赛，在旁观看也能感受压倒性的魄力，刘易斯应该也是为了一雪前耻而如此拼命吧！

领先的两个人与后方跑者拉开很长一段距离，第三名以后的选手陆续抵达补给站，每个人看起来都很拼命，而我也拼命地提高嗓门为他们加油，虽然是穿着企鹅装啦……

比赛经过大约三小时四十分，看到了！率先跑回终点的跑者究竟会是谁呢？

第一名是……

"是安德烈！"

原本以为中盘会被刘易斯拉开距离，安德烈却还是扳回一城，随着安德烈的接近，终点的欢呼声也越发高昂。

继北极马拉松后，安德烈再度夺得南极 ICE MARATHON 的优胜，三小时四十一分十五秒，好快的速度，创下大会最新纪录。

安德烈一抵达终点就突然倒下，脸部表情仿佛窒息般的痛苦，接着开始剧烈呕吐，这都是因为他用尽全力地跑啊！真是好壮烈的光景。

晚了八分钟，刘易斯以第二名的姿态回来了，刘易斯的纪录虽然是大会开跑以来第三快的惊人纪录，但他看起来仍然非常不甘心。北极马拉松也是因为些微差距没能追上安德烈而屈居第二，在南极虽然中盘一度领先，最后却还是被安德烈超越，以大幅差距再度落居亚军。

在这之后回来的选手们，每个人都精疲力竭，好不容易才抵达终点，其中不乏脚步摇摇晃晃、在抵达终点前就开始呕吐的人，也有失声痛哭扑倒在终点的选手，只是看着他们，就能感到让人心生畏惧的魄力，几乎没有选手注意到穿着企鹅装大声加油的我，更没有余力跟我搭话。

"当初还想以企鹅装跑全马，我真是太小看这里了！"

这可是极地马拉松啊！跟一般的全马有着天壤之别啊！

事后听选手们形容，序盘其实非常好跑，之后是因为刮起逆风，体感温度急遽下降，脚踝僵硬变得很难跑，整体而言赛程相当艰困。平安跑完的四十七名选手，伴随着完赛的成就感，以及此趟南极之旅几乎结束的安心感，高举来自世界各地的美酒。为了明天要跑的 100 公里，我有将近一个月的时间，都忍耐着不碰自己最爱的酒精饮品。

大伙因为酒宴热闹起来的同时，理查开始针对明天的 100 公里马拉松做详细说明，尽管天候极度不佳，仍然决定要按照既定行程，举办一圈 10 公里，总共跑 10 圈的赛事。10 公里的赛道中，除了起点与终点，在 5 公里处也设有补给站。

此外，明天参加 100 公里马拉松的选手名单令人吃惊，除了今天在全马中跟安德烈竞争，获得第二名的刘易斯，还有跟刘易斯同样来自西班牙，在今天的全马中获得第五名的朱利安。朱利安的体型散发着"我跑超快"的气势，但脸上却没有一丝骄傲，整个人感觉非常谦虚，今天会跑第五名，恐怕也是为了保留体力。

这种选手最可怕了，比什么都要强韧，要跟这类型的人比赛，即便是他们跑完全马的隔天，也完全不是我能匹敌的啊！

唉，无所谓了，名次不重要，只要管好自己的比赛就好，想想看自己，今天不也扯开嗓门拍手加油一整天了吗？还不畏寒冷地穿着薄薄的企鹅装，自己举办好几次自拍大会不是吗？有点自信吧！明天是我降落在南极大陆后的第四天，这次轮到我上场跑了。

其六　飘着大雪的决战日

在有别于前几天的低温中，我睁开双眼。两人一组居住的帐篷里没有暖气，平常帐篷里冷到可以让宝特瓶里的水冻成冰，今天更是有过之而无不及。照理说，因为极昼的关系，外头应该是亮的，但帐篷内却仍然昏暗。受到这股寒意，我浑身颤抖地爬出睡袋，身体却还是难抵睡意而备感沉重。一直到今天早上，我几乎没有好好地熟睡过，不过这种小事已经不重要了，因为南极100公里马拉松的决战之日已经到来。

我拉开帐篷拉链，踏出外头。

"呜哈！这里真的是雪国啊！"

这是理所当然的，这里可是南极啊！抵达南极以来持续蔚蓝的天空，仿佛在骗人一样染上了灰，帐篷上积满厚厚的雪，前几天稳坐帐篷后方的山脉，也被厚实的云层覆盖，几乎看不见了。这天气温异常低，跟昨天及以前的天气相比，简直就是两个世界。

在这碎碎念抱怨也无济于事，只能顺应老天给的条件战斗了，虽然还是很冷，但还是得准备换装。

这样想着的同时,原本要拿来预防脚起水泡的凡士林,因寒冷而整条凝固,我两手抓着软管,使出吃奶的力气猛挤,也只挤出 0.5 公分左右。最后只能学孵蛋的母鸟,在睡袋里抱住凡士林加温,才好不容易顺利挤出来。此外,创可贴也被冻得像脆片般僵硬。

嘿! 早就说这是南极了! 会冷是理所当然的,到昨天为止的情况,不过是奇迹般的好天气罢了。

根据食堂帐篷贴出来的天候情报,"营地气温为 −17℃,风速约每秒 15 米,两者都是这几天来最冷最强的",赛道上想必更冷,风速也更强吧? 天气君,在这么大的舞台上,还特别劳烦您做出如此精彩的演出,真是对不住啊! 真的耶,就连太阳都有云帮忙遮住,这样才能保护选手们的肌肤嘛!

开赛前,各项准备都在进行中,我伸手去拿我的红色布带,这是来南极的前一天,老婆为我准备的。防寒对策已经做得十分周全,我尽可能维持装备的轻盈度,就只有这条红布带是以"让它飘得很帅"为目的而准备的。这条布带完全不用考虑机能、重量等老掉牙的问题,你看有多浪漫啊! 就让我帅到爆地把它缠起来吧!

啊咧?

不管试几次都卷不好。

老婆确实遵照我的啰唆要求,选购了"又轻又不会结冻,还能随风飘"的布料,然而它实在是太滑顺了,结果因为太滑溜而很难打结。哪怕只是要把它固定在忍者刀上打结,恐怕都难如登天啊! 不愧是忍者,没那么简单就能当。

"阿裕,再两分钟就要起跑啰!"

室友纳索斯应该能够体谅这个穿着忍者装的奇妙日本人，他要拼斗的对象绝不是缠在腰际的红布，而是起跑线的前方，没辙了，得赶快去起点就位。

啊咧咧？

好像有哪里怪怪的。

"一、二、三！"

在起跑线竟然有九位选手，南极 100 公里马拉松举办到去年为止，明明每年都只有三到五名跑者跑完，事情怎么会演变成这副德行呢？这该不会也是全球暖化造成的吧？此外，那些家伙果然也都在，昨天跑完全马的第二名，也就是万里长城马拉松的优胜者刘易斯，还有昨天第五名的朱利安，据说连住在南极营地的马克和伊安也报名参加了，而且只参加 100 公里马拉松。真是令人害怕的全球暖化影响啊！影响范围到底有多广啊！好，冷静下来，跟其他人一点关系都没有，我要跑的是自己的比赛。

其七 开启好长好长的一段旅程

2012 年 11 月 21 日，早上八点，天空和大地笼罩着宁静的灰色，包围着南极 UNION GLASIER CAMP。九名跑者缓缓朝起跑线的另一边踏出各自的第一步，100 公里的长征就此开始。

刺骨寒风持续吹着，除了脚下踏着的雪，以及防寒装有节奏的摩擦声外，世界陷入一片寂静，昨天第二名的刘易斯缓缓奔向前面，住在南极营地的马克像要追赶他一样，跟着往前跑去。前方还有看不见尽头的漫漫长路，我尽可能不去在意他们，保持自己的节奏跑着，跑在前面的刘易斯和马克，几乎跟我预料的一样，似乎可以轻松地向前跑去。

率先通过第一个5公里的，是由刘易斯、马克还有我组成的领先集团，跟后面的选手拉开一段距离。即使不往后看，10公里的赛道上有许多转弯处，也自然能够瞥见后方情况。

到了7到8公里处，刘易斯的节奏渐渐慢了下来，他怎么了？昨天跑全马造成的伤害果然还在吗？还是他改变了作战策略，改由后方观察敌手的状况了呢？不管了，猜测也没用，就用自己的节奏往前跑吧！

10公里，第一圈结束了。可说是个刚刚开始的距离，过没多久，超过10公里后，唯一一个跑在我前面的马克选手，也渐渐放慢速度，我的速度应该没有改变才对……

哎呀！
我现在跑在第一名的位置吗？不得了！

我尽力不被自己得意忘形的情绪摆布，极力保持我的节奏，虽然只跑了不到20公里，双脚却出乎意料地被雪地泥泞给牵制，果然，这会是一场艰难的战斗。我再次庆幸昨天没勉强自己去跑全马，不对，我身后的选手可是跑完全马，今天又来挑战100公里的刘易斯他们啊！我一方面佩服他们的强劲，一方面又觉得自己有点丢脸，必须好好振作起来。

就在这时，即将结束20公里那圈时，有一名选手"啾啾啾"地超越了我，那是刚才把第一名让给我，住在南极营地的马克。

他超越我时，还笑容满面地与我搭话："状况怎么样？"真是可恨啊！长得又高又帅，搭配一抹完美笑容，我不服输地回答："状况超好的！"但老实说，我的双脚已经开始感到吃重。

马克这家伙刚才果然是故意放慢速度，方便从后面观察我的状况，也就是说，我的脚步变得沉重，他也看得一清二楚不是吗？虽然我逞强地说："状况超好的！"但其实早就露馅了吧！等等，我怎么从刚才开始尽想些无聊事啊？比赛明明就还在序盘，不过，随着跑第一的马克背影变小，我的脑海掠过期待破灭的孤寂感，"还有机会拿第一吗？"想到才在序盘，腿就已经开始吃力的自己，不安感慢慢膨胀。在这之后，马上就会被刘易斯赶上了吧！那家伙搞不好也跟马克一样，是故意放慢速度，从后方观察敌手状况的啊。

像这样的长距离赛事，比起肉体，心理素质更加重要，这在过去的比赛中不就体验好几次了吗？正因如此，日本的100公里马拉松参赛者，平均年龄才会高达五十多岁，六十几岁的人也同样比我有精神地跑着啊！让自己陷入负面思考，完全不可能有好处。

好！我要把他追回来！刚才追过我的马克，待会搞不好就会因为脚受伤突然踩刹车了，尽管现在觉得双脚吃力，不过只要忍耐，待会应该就会觉得身体渐渐变轻了，这在过去的比赛中不也经历过好几次吗？

嗯，没问题的！

看着远处的马克在跑完20公里时去上了一下厕所，我也决定要冷静下来，先去趟洗手间。

当然，其实是我真的很想上厕所，起跑前匆忙绑上的红色布带早就松了，插在腰际的刀因此一直打我的脚，参与这种同样动作要重复十万次以上的100公里马拉松，即便是衣服或装备与肌肤有些微摩擦，摩擦数十万次后也很可能肿起来甚至出血，此外，跟天气预报相反，气温开始回升，让我想脱掉一件穿在里头的衣服。

都来到这里了，就别在意之前跟马克的差距，冷静地上个厕所休息一下吧！正当我在厕所里要脱衣服时，在腰上缠绕好几圈的红布带却成了阻碍，害我脱不下来。喂，刀啊，你很碍事耶！甚至有一瞬间我心想："把刀拔掉不就可以跑得更轻松吗？终点前再插回去就好了，反正也没人会看到。"这样对自己喊话。

"你在说什么啊？这在忍者精神上是绝对不被允许的！"我冷静地解开布带，脱下衣物，然后再重新缠好，确保它不会松脱，把忍者刀调整成不会碰到脚的角度，好，这不就搞定了吗？

重新缠好腰带的我，再度投入20至30公里的赛道中，不知道是不是在厕所里耽误太多时间，已经看不到第一名的马克的身影了。啊，别在意！这真的还只是序盘，只要维持自己的节奏就好了。

此时的我还完全在状况外，不知道前方等着我的会是那么可怕的体验。

其八 漂浮在银色世界里的乐园

跟自己战斗的时间不断流逝。

超过 30 公里处时，心里想着："再一点点就三分之一了，不要大意，好好跑。"

超过 40 公里时，心想："这圈跑完就剩 50 公里了，超过一半了。"

这是 100 公里的路程，如果一下子就想着要到终点，只会感到漫无止境，情绪也会因此变得沉重。首先，要找个近在咫尺的里程碑，集中精神在那个地方，这是很重要的，因为一直看着太远的目标，会很难维持干劲。

等到回过神来，已经来到 60 公里处。这几个小时下来，完全没有看见其他人，无论是跑在前面的马克，还是在后头追赶的选手，也就是说，我还保持在第二名的位置，该不会就这样拿下第二吧？不，我在说什么？只不过跑了超过一半又多一点点而已，一定会有选手后来居上的。

起跑时我就暗自决定，不管心里有多不安，我绝不往后看。知道身后有气势惊人正逼近我的选手，或是完全看不到其他人，那又怎样？无论现况是喜是忧，最后都只会演变成故意让别人超越，开始放松，或是试图放慢速度而已。促使自己要赖的要素，都要在事前一概抹杀，一心专注于自己的节奏就好。

话虽如此，路上有几个大转弯，即便不回头，还是能看到后方现况。

在超过 60 公里的第一个弯道前，没看到任何人影，这时，却有人朝我跑来。明明距离终点还有将近 40 公里，对方却开始缩短差距，表示对方还留有余力。要是在这里被超越了，后面不就很难追回来了吗？好，才刚对自己说教了一番，一心专注于自己的节奏就好，结果或名次，到头来都会自然明朗。

我持续跟自己一问一答，不过想再多也没用，因为真相只有一个。一时的辛苦只是情绪上的问题，好好维持自己的节奏就行了。

就在我持续着"一个人的禅问答"时，大自然发威了，猛然向我伸出爪牙。"大自然的威力"，没错，"我的体内产生了大自然的威力"。发生紧急状况的警笛声在体内高分贝响起。

"舰长，不得了了！火药库附近好像有叛军伺机而起，状况看起来非常危急！"

到底发生什么事了啊？

"我是舰长，向各机组员布达，向各机组员布达，请尽速报告事态现况，重复一次。"

我尽可能地保持冷静，整理体内各单位的报告，似乎是下腹部的火药库附近有"未爆弹"即将爆炸。以较为学术的表现方式来说，就是"吃坏肚子啰……哔……哔……快要探出头啰……"的状态。

"什么鬼！"

这么说来，从刚才开始，腹部的防寒装就传来异样的摩擦感，应该是那片缠在腰际上除了"帅帅地飘起来"以外毫无作用的红布，出乎意料地成为衣服里的汗水堤防，聚集了所有汗水而且结成冰块，形成"冰之束腹"。这几个小时我的肚子一直一直被冰包覆着，换作我是肚子，我也一定会想挥旗叛变啊！南极大陆真是太可怕了。

　　厕所只在起点和终点才有，不过已经超过 2 公里了。印象中，3 公里外的"5 公里处补给站"也有厕所，但是还有 3 公里啊！除此之外，赛道碰上逆风强袭，进入双脚被深雪埋住的困难区域，这个状况要跑到 3 公里外的补给站，至少也要二十分钟，最好是来得及啦！不过，3 公里外的补给站真的有厕所吗？我的姿势开始内八，速度也变慢许多，我也不想这样啊！为了尽可能不要炸出来，我可是拼了命强忍啊！

　　如果是在沙漠里跑，就能躲在赛道旁的沙坑里噗噗噗地解决内急，但在这一片银白世界里，完全没有可以藏匿之处。这时，就好像落井下石般，我想起另一件事，让我额头冒出豆大的汗珠。糟糕！这下糟糕了！我想起了"南极条例"，"禁止携带或留下来自外界的细菌或生物"，万一在这里爆炸，就完完全全出局了啦！

　　原本我是以"日本男性，以超高水平跑完南极 100 公里马拉松"登上新闻为目标，才会来到这块南极大陆的，但是那又怎样？"东京都男性（38 岁），穿着忍者装触犯'南极条例'引发国际问题"说不定也会被刊登在社会版上啊？要是在这里炸屎，身为社会人士我就真的玩完了，身为人类也真的玩完了。

　　现在不是想这些事的时候，要忍住，我要拼命忍住！

　　条例之类的东西管他呢！事态都这么严重了！

　　倾耳一听，几乎可以听到后方传来有节奏的"沙、沙"脚步声，想必是刚才转弯处看到的选手追上来了，不过很不好意思，我现在真的有点忙，必须先赶去补给站赴一个重要的约。

　　我的脸上充满汗水，逐渐变狭窄的视野前方，终于出现了补给站！脚下的雪却也越来越厚，使我仿佛在上坡一样，难以前进。我办得到！我是一名什么都办得到的男子！万一补给站里没厕所，那我就要像个日本男儿，干干脆脆地原地自爆然后凋谢。

就在此时，我忽然想起后方选手已经赶上我，脑子立刻清醒过来。

"不行，那家伙想超越我方舰队，无论如何，都要让他乖乖待在我的后面！"况且，后面的选手想要超越我，说不定也是因为他很想上厕所，万一那家伙比我先冲进厕所，不就万事休矣？这是一场不能输的战斗，就在这里。

"全、全舰，突进！"

办到啦！我率先抵达补给站，更幸运的是补给站里还有工作人员在。

"嗯……那个……我记得这里有厕所吧？"

"喔，有喔！就在组合屋旁边。"

太好啦！嗯？这……这是"小号专用"的耶……

"不，我不是要上小号，有没有可以大……大号的？"

"喔！大号喔，可以绕去组合屋后面看看。"

那一瞬间，我怀疑了一下眼前光景，那是一个不太合理的画面，犹如慢动作般映入眼帘。

组合屋的外墙角落，有个小小圆圆的马桶粘在墙上。纯天然的"蓝天厕所"，除了背后靠着组合屋墙壁外，触目所及都被南极大陆的银白世界所拥抱。

终于获得救赎般的安心感，犹如艺术般存在的白色马桶，被银白世界所环绕，真是教人感动啊！

然而我必须冷静下来，我还有更重要的任务，寒风吹拂之中，缓缓脱下裤子和内裤，坐上马桶 READY GO！

圣歌开始流泻，天使随着圣光降临，我度过一段几乎是在天堂的时光。

好似正在产出许多不满分子般，整整有五分钟的时间，我黏在马桶上失去了意识。

追上我的那名选手，别说是跟我抢厕所了，他完全不在乎我这个大便男，"哒哒哒"地跑向前去。这是当然的，换个立场想，在南极露出整个下半身，坐在蓝天下的马桶上嗯嗯呻吟的人，任谁都会尽可能不接近他吧？

65 公里处，我输给了大自然的威胁，名次掉到第三名，不过，别说是赌上了选手的生命，我甚至赌上了自己的职涯人生，我克服了，真想好好称赞自己一番。

我回到跑道上，超越我的选手已经跑到很前面了，目前为止的这 65 公里，我尽我所能地跑来了，就算因为这样没拿到亚军，也还是很有梗啊！有点偷偷放弃的味道，我让清爽又酸甜的南极之风肆意吹拂脸颊向前跑去。没关系，这种程度的心情刚刚好，丢下多余的行囊，现在的身体就像长了翅膀一样轻盈，如此一来，就能再一次贯彻初衷跑下去了。

其九　超越常理的长，70 至 80 公里

70 公里处，才刚靠近补给站的帐篷，就看到不久前超越我的选手，正气定神闲地补给着，是伊安，跟目前第一名的马克一样，

都是住在南极营地的人。

这可是大好机会，如果能节省补给的时间，就应该可以回到第二名的位置。赶紧补给水分跟能量，然后回到赛道上吧！

正当我暗暗策划着时，又一名选手朝补给站跑来，是朱利安，他是昨天跑全马时，保留体力拿下第五名的选手。

连朱利安都追上我了？朱利安看到我的时候有点吃惊，从他的脸上能读出些许"追上了！"的表情。

还剩30公里，比赛进行到后半，但30公里这数字绝对称不上轻松，总之，先回到赛道上吧！我急忙跑出留有伊安跟朱利安的补给站，进入70到80公里这圈。

我又回到第二名的位置了。

没多久，后方便传来快速又有节奏的脚步声，简直就像用飞的一样，轻快又干脆，就这样，朱利安瞬间超越我，我又掉到了第三名。

名次下降了，他的跑法是如此强而有力。

比起被人超越掉到第三的打击，朱利安的坚持让我感动地大喊："了不起！昨天才跑完全马，你真是太强悍啦！"

他回头露出腼腆的笑容，轻轻跟我握个手，然后就留下我，继续向前迈进。这家伙昨天才跑全马，目前又跑了70公里，真是恐怖的真本事。实际了解到彼此的实力差距，心情不由得变得沉重。

仿佛对我乘胜追击般，后方再度出现其他选手的气息，我想应该是伊安吧！在补给站慢条斯理的他，重回跑道节奏应该会比我还快，要是连他都超越我，我就成为第四名了，而且以他的速度，我掉到第四也只是时间的问题。

回想起15公里处，我曾一度成为第一，揣测着各种可能，即使位居第二也不断鼓励自己："前方会有什么还是未知数，只要持续跑自己的就好。"就这样跑到65公里，一直努力地维持我的第二名宝座。这样的我，在剩下不到30公里的地方，落后到第三，然后又被另一个人超越。

回想起来，北极马拉松好像也得第四名，当时也曾抱持着"运气好说不定会拿第一"的甜美幻想。难道这次也要以第四名作结吗？不，结局还说不定，搞不好刘易斯正在急起直追，这样的话，名次又要往下掉了，变成第五名。

只要负面思考一次，没有尽头的负面螺旋就会开始作怪，让我的情绪直线坠落。不行！心理素质最重要，搞什么？你在意无聊的名次吗？不是说好那些根本不重要吗？我不也尽我所能地坚持跑过来了吗？

回想为了迎接这一天的到来而努力训练的日子，虽然我总是开玩笑地说："我是为了喝酒才跑步的。"但那么爱酒的我，却也禁酒将近一个月了，同时也极力控制饮食来减重，每个礼拜不懈怠地跑100公里，"今天想个理由来偷懒吧？"那些痛苦的无氧训练，根本数不清做了几次，没错，想想那些日子吧！今天所跑的

70 公里不也跑得非常出色吗？嗯，没错，只要维持下去就行了！

就算只是一点点也好，迈开脚步向前。

就算只是一点点也好，大幅度挥动双臂。

就算只是一点点也好，换气必须更实一点。

率直就好，尽全力去做可以办到的事。

即将抵达 73 公里处时，我不经意地抬起头，视线定在前方某处，位居第二的朱利安竟然在步行。

怎么回事？确实，这里是赛道上逆风最强、地形也最恶劣的地带，朱利安也许是在 70 公里的补给站看到我，觉得那是个"机会"，想借此让我放弃第二名，而勉强自己冲刺，把我甩到后头。

我是绝对不可能步行的。不管速度有多慢，都要一直跑下去。

我超越了朱利安，再次回到第二名。

75 公里处的补给站接近了，虽然在 65 公里时，踩了一个出乎意料的大刹车，但这次绝不会再停下来了。省下补给的时间，即使只有一秒钟，我也要把时间争取回来，每 10 公里喝一次水就很足够了。

补给什么的，跳过。

对了，口袋里应该还有能量果胶，我边跑边翻口袋，终于拿出果胶，不过它却被冻得硬邦邦的。我边跑边挤果胶，这本来应该要用喝的，最后却只能咬开塞进嘴里，嘴里黏糊糊的，让我呼吸都变得困难。然而，为了不在补给站多作停留，除了边跑边吃实在别无他法。

这没什么好在意的，只管继续跑下去。

78 公里处过没多久，一圈又要结束了。虽然景色仍是一片雪白，看不太出来，但这里好像是上坡。每次跑到这，总觉得速度拉不快而且还很吃力，跑到第八圈才终于发现这个事实，这段路积雪很深，很难跑得顺畅。在感到速度变慢的同时，情绪也会跟着跌落，不过，跑在后面的选手应该也是同样的心情。

这没什么好在意的，就让我继续跑下去。

背后又传来渐渐逼近我的脚步声。又要被追上了吗？是朱利安还是伊安？算了，不看就是不看，我已经尽己所能地拿出全力跑了，要是还被超越，那也只能这样了。用尽自己所能跑下去，这项原则始终没有更改过。

79 公里处。我背后的脚步声增加到两个。我的呼吸困难，脚也没力了。想超越我，脚步就给我放轻快一点，如此一来也能早点让我放弃嘛！前方的路还剩 20 公里以上，这样一想实在太令人绝望了。这种痛苦还要持续 20 公里吗？

距离 80 公里的补给站不到两百米，我再次被超越，这次是伊安。又回到第三名了吗？没……没关系，伊安的补给时间好像都很长，这次如果他也慢慢休息，那我就还有机会。

距离补给站仅剩一百米，这次竟然连朱利安也超越我了。

"第四名吗……"

一路忍耐到 80 公里的这个时机点，竟然一口气被两个人超越，这是我在这场比赛里第一次掉到第四名的位置，不论我对自己讲多少次"名次不重要"，也无法支撑正在崩溃的心灵。我不断用自己的方式努力追赶着，但是一看到他们的跑法，我就完全无法产生扳回劣势的自信。

"果然还是不行啊……要是拿第二名回国，一直以来为我加油的人，都会很为我高兴的吧……原本应该可以抬头挺胸回去的……"

眼看就要被悲伤的情绪给吞没，我拼命阻止自己，没关系！只要跑出值得自豪的结果就好了！

至少绝对不要输给自己。

切换心情吧！目前先让他们领先，来观察他们会不会补给！要赢过他们，除了缩减补给时间外别无他法，若是 80 公里处补给好，剩下的 20 公里完全用来冲刺。从 70 公里这圈开始，我到现在还没喝过水，所以到了 80 公里处一定要去趟补给站。完全不补充水分冲刺 30 公里，无疑是自杀行为。

要是前面几个人也没补给，我大概就很难有机会追上他们了，不过，要是他们也去补给，至少还有一丝曙光，这个细节正是唯一可填补差距的重点。

伊安和朱利安争先恐后地进入补给帐篷，"很好，还有希望"。我心情随之放松了，这次我决定只将就补给一下，力求短时间内重回跑道。跑步自然是当下最重要的事，然而其他该做的事也都该做到，没问题，剩下的 20 公里就算不补给也总会有办法的。

我补充完少许水跟能量，便火速冲出帐篷，奔向 80 到 90 公里的一圈。

又重回第二名位置了，别放弃啊！要哭要笑，都只剩 20 公里了。

其十　旅途迈向终点

"只剩两圈，只剩 20 公里了。"

只是讲给自己听，但 20 公里仍然远得莫名其妙。目前我暂居第二。

我来到 80 到 82 公里处的直线赛道，刚才的 70 到 72 公里，朱利安就是在这里轻快地超越我的。

我利用 80 公里的补给站赚取时间，重回第二名，但朱利安应该还是会像刚刚那样赶上我吧？又或是伊安也草草结束补给，拼命追赶过来？

面对这两人，彼此反复着超越跟被超越的戏码也有八次之多了，仔细想想，我总是被超越的一方。这之中只有一次是我超越正在走路的朱利安，追赶过移动中的他们算是一次也没有。

尽管名次被拉回来了，却也只是早点踏出补给站而已，接下来不就又只有"被超越的份"吗？如果这次再被超越，心情可能就再也无法平复了。

依照他们的跑法，肯定会在某处赶过我，现在的问题是，早点离开补给站所争取到的时间，可以为我拖延多少不被超越的时间。

好，想得再多似乎也没用啊。

总之，我还能跑，剩下的20公里就拼命把它跑完吧！都努力来到这里了，这不就已经是最后了吗？

此时比起70到80公里那圈还要痛苦，既然这么痛苦，有个第三名或甚至掉回第四名，不是也很好吗？

试想看看，他们现在应该也很痛苦，朱利安更是有别于我，因为他昨天才跑完全马。

他的强悍真是让人心生畏惧，实在难以匹敌……不，等等，朱利安刚才不是也走了一段吗？所以说，他也不是完全不难受，每个人都是痛苦地跑着，每个人都是为了不要输给自己而拼命战斗着。

只有我在说窝囊话，这该怎么办？
是时候把剩下的气力全部挤出来向前跑了！

84公里处，剩下16公里。这不是平常训练常跑的距离吗？

承受不住的痛苦。他们怎么还没赶上来啊？差不多该追上来了才对啊！
好在意后面的状况啊！不过我不能回头。就算确认了自己跟他们之间的距离，我能拿出的实力也不会改变。一旦回头，就等于输给了自己的心，我跟自己约定过绝不做这件事，一定办得到的，我办得到。

好几次，有好几次，不安以各种形式闪过。

像这种彼此竞争的场合，我总是在最后的最后被超越，总是在最后输给自己。到目前为止都是这种经验。这次也是，尽管我已经这么努力了，最后却还是会被追过，很快就掉到第三或第四。

即使结果真的如此，帮我加油的人也都会说：

"你很努力了呢！"

"小野先生果然很厉害呢！"他们会这样来称赞我，一定会。

我不要。

像这样安慰的话，我才不要。

不是因为名次落后而拒绝，只是如果又输给懦弱的自己，那我坚决不要，我怎么能忍受输给自己的情绪。

85公里的补给站。这次也马不停蹄地继续跑下去，90公里处也毫不犹豫地继续突进。20公里完全不喝水的冲刺，一定会有帮助的，总之，必须先把能做到的事全部做好。

绝对不对自己要赖。别说"我尽全力了"的借口，应该还要挤出更多的力气。

好痛苦……

白痴，就是因为这样想所以才感到痛苦。专注调整呼吸，确实地深深吸气。如此一来自然会觉得很放松，这你应该很清楚吧？

来到88公里的弯道，视野里出现了另一个人影。

有人出现在我后方 500 米处，蓝色的夹克，是朱利安！上一圈好像也是在跑过这里时被追赶上的，78 公里，当时距离补给站还剩 2 公里路程。果然，这家伙很厉害，确实正朝我而来。

管不了这么多了，继续跑，老老实实地重复一样的动作，即使只是一点点也好，稍微大幅度地挥动手臂；只是一点点也好，呼吸得更用力一点；只是一点点也好，维持自己的姿势；只是一点点也好，用剩下的力气带动双脚，然后，只是一点点也好，脚步再撑大一点。

不行……果然很痛苦……

突然间，我回想起为我加油的每个人，出发前匆忙举行的壮行会，不也来了将近七十人吗？不论是朋友还是前辈都非常为我担心，明明没什么时间，还是帮我准备了许多声援讯息和道具。确实，不管沙漠还是北极，持续挑战畸形赛事的我实在不是什么了不起的跑者，多的是比我更快、更强的选手，我不过就是个懦弱、心灵比别人脆弱一倍，让人没辙的跑者啊！面对这样的我，大家却还打心里为我担心，打心里为我加油，回头想想他们，一定正等着我发出平安抵达终点的讯息啊！

"我尽全力了，托大家的福，我做到了。"
好想这样对大家说，我想跑一场能这样响应他们的比赛。
这一瞬间，我的身体变轻了。就是这样，办得到的，拿出全力，只剩下 12 公里，跑吧！
90 公里处，谁还要去什么补给站啊，就这样直接跑完最后一圈吧！只剩下 10 公里就结束了，这时候不加快速度，还要等到什么时候？

92 公里，这一圈的第一个弯道没有别人。这 30 公里里，每次来到这都会出现在我视野里的人影不见了，刻意略过 90 公里的补给站策略奏效了吗？

可以以第二名的姿态跑到终点吗？不，绝对不能大意，对手不是后面的选手，而是我自己。他们也都是在极度痛苦之中拼搏到这里的，朱利安身上还残留着昨天全马的伤害，他的痛苦绝对不是我的所能相提并论的，我绝不能在他面前丢脸，因此，不管发生什么事，都不能大意。

我试着从身体中找出不那么疲惫的地方，用尽力气挤出力量，哪怕只有一公分也好，使劲跨出步伐，就算只有零点一秒，也要把速度加快。身体的某个角落应该还有点力气。对了，呼吸也不能松懈，尽全力大口吐气，大口吸气，就只剩几十分钟了。

95 公里补给站，当然不补给，继续冲刺。

97 公里的弯道，瞥一下视线后方，仍旧没有任何人，办得到，我可以夺下第二名。虽说参赛人数少，这样的名次我也还没碰过，不过名次不重要，只要能抬头挺胸地说我尽全力了，到最后一秒都坚持跑着就好。

还有 3 公里，竟然如此漫长，从起跑开始，已经持续跑了十二个半小时以上了，应该可以在十三个小时内跑完，就算只有一点点，我也要缩短纪录。

剩不到 1 公里，不要看后面。

只剩 500 米，可以看见终点聚集了很多人，我的胸口瞬间温热了起来。

跑超过99公里，将近十三个小时，我第一次回头往后看。

虽然已经知道自己不会再被追过，为了刺激在终点前放下戒心的自己，刻意借由向后看来绷紧神经。直到最后都不要为自己找借口，直到最后都要专注在值得自豪的赛事上，不能大意。为了不羞于面对其他选手，我要坚持跑到最后。

距离终点还剩200米，我从跑来加油的选手手中接过日本国旗，最后就以灿烂笑容抵达终点吧！

左手举起国旗，右手拔起带着跑了100公里的忍者刀，将它指向天际。

"GO！GO！Ninja！"

"阿裕，加油！"

"就剩一点点！"

终于，我缓缓通过环绕着欢呼声的终点线。

南极大陆100公里，真是好长好长的一段旅途，总算结束了。

在日本等着我的老婆、家人、朋友，他们的脸逐一浮现，我心中满是感谢和喜悦之情。

我办到了，彻底办到了，托大家的福，我尽全力跑完100公里了！

纪录是十二小时五十一分四十八秒，排名为九位选手中的第二名。

数字不过就只是个结果，比起这个，更重要的应该是在这场充满曲折的比赛中，我没有输给自己，过程真是漫长，却还是让我度过了很棒的一天。

我转身面向跑道深深一鞠躬，对着喊叫"恭喜！""太棒了！""GREAT! Ninja！"的方向不停鞠躬，无法自已地以日语回答："ありがとう（谢谢）！"

"谢谢，真的，我真的非常开心。"

尽管肉体跟精神都被压榨得残破不堪，却只有成就感跟"太开心了"的心情化作言语。

"好！大家一起来喝啤酒吧！"

看着在极寒之地中跑了将近十三小时的日本人，竟然比谁都有精神地四处吆喝，前来加油的其他选手纷纷苦笑。

对了，我想在终点等朱利安，对他说声："谢谢。"

这时医生却跑过来叫我尽快移动到温暖的帐篷里。

"我想等他。"

可是我们的距离好像大到出乎意料，等了很久都看不到朱利安的身影。

"他靠近终点我会叫你，总之，先进帐篷里取暖吧！"

路途上跟我多次缠斗的伊安比朱利安更早回到终点，但我总觉得哪里怪怪的，伊安明明通过了终点线，加油群众却一点也不兴奋，一问才知道原来他还剩一圈。也就是说他落后我一圈，现在才抵达 90 公里处。

而我却一直以为自己在跟伊安争夺第二到第四的名次，毕竟他一直以超强步伐跑着，让人难以想象他落后一圈，这害我完完全全误会了。不过他也确实拉了我好几把，谢谢。

在帐篷里取暖的我，听到有人叫喊："朱利安回来了！"于是匆忙前往终点线。对于回到终点的朱利安，我即使站在远处也能看出他疲惫的模样，通过终点线后，他以蹒跚的脚步穿过欢呼的群众，抱着膝盖，上半身瘫软。跟他同样来自西班牙的刘易斯（全马第二名，万里长城马拉松优胜者），静静地上前抱住他的肩膀。

据说刘易斯中途弃权了，毕竟他昨天才跑完全马，经历那样的一番拼斗。

被刘易斯抱住双肩的朱利安，双手掩面，泣不成声。

看见这幅画面连我都想哭了。

朱利安也是，谁能想象他昨天才跑过全马，还能如此勇猛地跑完今天这 100 公里？他到底是抱持着怎样的心情跑完的呢？

正因为同样跑完 100 公里，我心头一热。

现场弥漫着某种氛围，谁也不敢接近朱利安，后来朱利安才由刘易斯搀扶着走出帐篷，虽然有些犹豫，但我还是跑向了朱利安。

"朱利安，你真是个了不起的跑者！能跟你一起跑，我从心底觉得光荣，真的很谢谢你。"

他虽然一脸憔悴，却还是露出温柔的笑容，我们握手，然后拥抱。

"都是你的功劳所以我才能跑完，谢谢你跑得这么出色。"

要是没有来到南极，没有跑完 100 公里，就无法体验这般感动和友情了。即便不说出口，我们彼此也能了解。我与朱利安并肩，缓缓走向帐篷。

我们的南极征途，就这样落幕了。

降落于冰上跑道的飞机。

飞往南极的机舱内塞满了人跟行李。

选手们享受着南极厨师料理的餐点。

让红腰带飘扬，100公里马拉松途中。

南极马拉松起跑时，我穿的是企鹅装，跑在第六名。

有别于北极，高耸的山脉绵延，堪称是绝景的南极马拉松。

变更后的南极马拉松赛道，一圈 21 公里。

one lap is exactly 21.1km

checkpoint 2

checkpoint 1

start and finish line
checkpoint 3 (camp)

两人一组的选手用帐篷，根本就是"五星级饭店"，让人很满意。

"站在地球最南端的企鹅"，我手上的是小企鹅"阿歪"。

跑完 100 公里，一口气喝下从老家札幌带来的威士忌

补给站专栏3

"小野先生，像你那样经常到处跑，不会造成运动伤害吗？"

经常有人这样问我。我开始跑步的那阵子，其实身体还没有适应，因此常常必须跟运动伤害对抗，一个月里有一半时间在复健，无法跑步是常有的事。明明很想跑，却跑不了，对一名跑者来说，没有比这更不甘心的事了。克服好几个痛苦的时期后，渐渐学会设想，"这算是一种心理训练，这种时候就要更积极正面，就算脚受伤，也还是可以重训嘛！"我尽己所能地找出不能跑步也可以做的训练来练习。

即便如此，有时因运动伤害而不能跑的时间会很长，"除了重训之外，还有没有什么事可以做？"烦恼之余，我竟然开始游泳了。当时，我是个连25米都游不完的旱鸭子，我心想："长这么大从没想过会去跑步的我，后来不是也能跑了吗？"于是我频繁地前往网友推荐的游泳教室，没想到最后也能游个1公里了，这样的改变很难得，因此，我选定2010年11月首次报名挑战三铁。

克服旱鸭子障碍不到一年，我就报名参加人生中第三场三铁比赛，"佐渡国际长距离铁人三项"。在十五小时又三十分钟内，必须游3.8公里、骑脚踏车90公里、跑42.2公里，堪称三铁之中距离最长的"铁人路线"。然而，我却在比赛前一周的聚会里不小心嗨过头，跟朋友打闹弄裂了肋骨，在手一举高、肋骨就会隐

隐作痛的状态下，一般人应该就不会参加三铁了，我的想法却是："都已经为了比赛做这么多训练了。"因而我拼命修复身体，甚至还通过网络向整骨师学习运动贴布的贴法，身上缠满运动胶带出赛，最后也终于平安完赛。

虽然称不上是"塞翁失马"，但要是没有运动伤害，我就无法克服旱鸭子的障碍，更别说成为三铁"铁人"了。一路以来，对于让人想哭的运动伤害，只要调整好跟它相处的心态，它就有可能带领自己前往有趣的未来。

"真的很有趣耶！人类还真的是'要做，就做得到'的喔！"我喜滋滋地阐述着自己的经验，老婆温柔地提醒我："你要是'要做，就做得到'的话，跑完步的萝卜装，好歹也该自己丢进洗衣机洗吧？别说是肋骨了，要不要我把你的脚筋挑断，让你再也不能跑啊？"托老婆的福，我现在已然是一名独当一面、能按下全自动洗衣机按钮的战士了！

第四章

成为世界第一的
团队"羁绊"

其一 阿塔卡马的缘分之旅

2013 年 2 月 26 日，刚结束北京的出差行程，踏入北京机场的我，踩着不稳的脚步飘向眼前的椅子，抱着颤抖的身体倒下。

就在两天前，我穿着萝卜装中途放弃东京马拉松，几小时后便出发前往北京，出差三天两夜，我的身体渐渐感到不适，终于在即将归国的这一刻，恶化到"能不能平安上飞机都不知道"的程度。

我强忍着恶寒、欲呕、头痛，搭上三个半小时的归国班机，一抵达成田机场就倒进出租车里，请司机直奔我家附近的急诊室，当时大概是晚上十一点多，一般医院根本没开。

明天早上七点要去品川车站跟大家集合，踏上阿塔卡马沙漠 250 公里马拉松的旅程，这下还去得了吗？

急诊室里年轻的轮值医师，看我拍出来的 X 光片也没有问题，"会不会是压力或其他因素造成您身体不适呢？"

"哦？压力？"

我曾经两个晚上不睡，参加 250 公里的"山口—百萩往返马拉松"，不仅被睡魔缠身动弹不得，还遭受风吹雨打险些冻僵，当时却还想着："好好享受每个瞬间吧！"几乎是"超"正面思考地跑完比赛。这样的我也会有"压力"吗？确实，怂恿大家去阿塔卡马沙漠夺下团体赛第一名的我，在比赛的七天前曾陷入"跑 3 公里脚就痛"的状态，内心充满"一定要赶快恢复才行"的焦虑。

这么说来，我在北京出差时，半夜也都在上网研究运动贴布的用法，不停练习贴贴布，根本没能好好睡觉。这种情况就称作“压力”吗？

“觉得想吐又全身发冷，这也是压力造成的吗？”

“嗯，会有这些症状喔！幸好发热温度不算高，我就开两周的退烧药跟止吐药给你吧！”

不可思议，一知道身体不适的原因是“压力”，突然整个人都轻松了起来。

几个小时后，我匆忙前往成田机场，见到其他伙伴使我稍稍振奋精神，一起前往阿塔卡马沙漠吧！我们的“KIZUNA”（日文“羁绊”之意）队伍总共有六个人，这可是大阵仗啊！

我们把“成为世界第一”作为阿塔卡马沙漠马拉松的目标，昵称阿信的佐佐木信也，还有昵称小黑的黑泽洋介，和我一起组成三人队伍“KIZUNA”，赛前更增添三名随行人员，作为贴身采访“KIZUNA”的媒体。

随行人员中有很年轻便创立了影像制作公司，活跃于全球的“Augment 5”公司的井野英隆（昵称井野）与昵称小友的御巫友子。此外，还有跟媒体毫无关联，也没有相关经验，只是为了起哄而加入采访小组的今冈朋史（昵称今冈）。

我跟采访小组的队长井野，在一个月前的某场饭局上有一面之缘，当时我只是一位不速之客。

后来跟他在脸书上偶然开始聊天，促成了此行。

“小野先生，那次去喝酒曾跟您碰过面。您似乎常常参加很多很有趣的比赛，下次小野先生参加比赛时，请让我跟着去拍摄吧！"

"欢迎欢迎！不过我们差不多要出发了，你要来阿塔卡马沙漠吗？我们的目标是日本首例团体赛第一名，而且三个人都会角色扮演在沙漠里跑，应该会很好玩喔！"

正常情况下，影像制作公司通常会先找到电视节目或电影"买主"，才会考虑进行拍摄。但井野却飞快答道：

"我知道了！"

并且他开始说服工作人员小友，不过才几个小时，"KIZUNA"的两人采访小组就此诞生。

当时 Augment 5 制作的动画，正好在网络上掀起全球热烈讨论，我也因为期待他们的作品而兴奋起来。

"这么有才华的人，竟然这么果断，真是让人欣赏得不得了啊！"然而，却也同时产生新的问题。

阿塔卡马沙漠比赛的主办单位表示："这项要求实在太突然，是否能加入采访组必须开会讨论。"另外，"由于需要为采访组准备车辆，请再缴纳三人份的报名费用"。

喝酒时，我跟大学同届、经由阿信介绍、几个月前才认识的今冈提起这件事。

"小野先生，阿塔卡马沙漠比赛就要开跑了呢！我在想，2014年的撒哈拉赛事要不要也参加一下？"

"很好啊！阿塔卡马的赛事有采访组会贴身采访我们，三个名额里目前还差一人。"

"真的假的？我虽然没有媒体相关经验，但是不是有什么我帮得上忙的地方，我真的很想去！这可以作为明年去跑撒哈拉的练习。"

"嗯，那就一起去吧！"

当时，不管是已经确定的采访班底井野跟小友，还是成为第三人的今冈，都只是我认识没多久的朋友而已。就这么匆匆忙忙地，"KIZUNA"的三人采访小组终于凑齐。

虽然还没收到主办单位的正式回答，不确定采访小组是否能一同参加，他们三人却早已进入"阿塔卡马模式"。

"比赛都这么近了，至少先确定机票吧！"他们聚在一起，毫不犹豫地买了机票。

就这样，"KIZUNA"团队的三名选手跟三名媒体人，总计六人在成田机场集合了。集合前都还在海外出差飞来飞去的小黑，看到采访小组的成员也还停留在"啊！初次见面，请多指教！"的不熟状况。

我们六个人，不过才认识一个月至两年，我很喜欢"缘分"这个词，它在此刻更让我感受强烈。在这之后的阿塔卡马沙漠之旅，希望也能持续发挥这样的连锁效应。

前往阿塔卡马沙漠的旅程，行经成田→纽约→圣地亚哥（智利）→卡拉马（智利），三趟班机航程总计四十小时。

在成田机场里，我的酒友挂川力丸，穿着帅气的全日空机长制服来到我们面前。

他是阿信的小学同学，他们距离上次碰面大概有一年时间了。我们是一起跑步一起喝酒的朋友，巧合的是，这天他负责的就是我们飞往纽约的班机。

回想起行前酒会上曾喝酒聊起这件事，我们还一起兴奋到发抖。

"小力丸，角色扮演机长很适合你，不过还是请你好好开飞机，可别给我打瞌睡啊！"

"小野先生，飞机不是'开'的，是'操控'的。"

上飞机之后，我惊喜地收到了空服员所写的明信片。

上头写着："参加阿塔卡马沙漠马拉松的各位，朝世界第一迈进！"

我因为身体不适，一直在座位上昏睡，空服员频频前来询问："有哪里不舒服吗？""看您一直在休息，有没有办法用餐呢？""如有任何需要，再请您随时跟我说。"真的是非常亲切，让人很感激。不过该不会是机长刻意摆出排场来耍帅的吧？

那张空姐送来的明信片上，写有跟机长无关，来自别处的惊喜。

这是以前在戈壁沙漠一起跑完 250 公里，这次同样参加了阿塔卡马沙漠马拉松，一样是在全日空当空服员的成宫先生托后辈准备的。这让我充满感激，尽管身体仍然虚弱，却因此渐渐打起精神来。

此外，还有一个惊喜在纽约机场等着我，他也是阿信的小学同学，我的高中学弟 Ayaro。

抵达纽约，等待转机到圣地亚哥还有十二小时的空档，他为了趁这段空档带我去治疗，特地请假跑来机场。

或许是因为比赛当前身体仍持续疼痛，对运动伤害的不安加上身体不适，我心想："运动医学领域，纽约应该比日本先进吧？还是找住在纽约，同是跑者的 Ayaro 商量看看吧！"他一听便说："我带你去一家了不起的复健中心，我的旧伤每次都是托他们治疗的！"立刻帮我预约。"这辈子你都请我喝酒的话，这点小事我还帮得上，大概还有一百年。"

我们坐上 Ayaro 的车，我坐副驾驶座，后座的小友将手上镜头对准我，开始进行采访。

"小野先生，目前身体跟脚的状况如何呢？"

"嗯，老实说，说不会不安是骗人的，不做点什么不行嘛！"

摄影机正在拍我，必须挤出满是朝气的笑容回答。

"看起来总是很有活力的小野先生，果然也会感受到压力呢！"

"唉，这几个人里面，我的跑步经历跟参赛资历都最久，心里虽然想着：'不带领大家努力不行。'但只要一想到'如果因为我的伤势跟病情，成为队上的累赘该怎么办？'说实在的，真的有点害怕啊……"

采访过程中一直专心开车的 Ayaro，突然笑着插了句话，我被这突如其来的话语击中。

"啊，我以前也练过团队竞技，真的每支队伍都会有个这样的人耶，明明其他队员完全不在意，却还是要独揽所有责任的那种人！"

等等！他说的不就是现在的我吗？

出了曼哈顿，约莫一个小时的车程，我们一行人抵达 Ayaro 经常光顾的复健中心 "kinetic PT"。院长艾文帮我把脉，微笑着说出再次打击我的话。

"你是不是常常感到不安？"

为……为什么会露馅？

当我聊起："除了脚的旧伤，还有胃肠不顺之外，最近左边的脖子常常感到僵硬。"

"啊，这些症状都是'想太多'的人经常会有的。"

什么啊！原来只是因为一个人想太多演变成不安，然后造成压力这样吗？我是有多懦弱啊？

艾文触诊我的身体各处，就在检查手脚伸展性时，他说：

"你酒喝太多了吧？肝脏有点硬，右脚到左手的肌肉伸展度因此产生了不好的影响。"

被他这样一拉，我现在不只是右脚负伤，连左手都变得比右手僵硬，喝酒竟然会产生这些影响？

"确实可以说我是'为了喝酒才跑步'，而我也真的很喜欢喝酒……"

什么啊！北京出差时的恶寒和肠胃不适，还有最近很在意的肩颈酸痛，原来都是"想太多"和"一个人自顾自地不安"造成的。此外，脚的问题也是"喝太多"（肝脏硬化影响了身体平衡）加上"跑过头"导致的，我这样可不行啊！

当然，艾文不仅指出原因，也彻底对症下药。针对不安、想吐、下痢，开出很有效的汉方草药茶，最重要的负伤处则以针灸治疗。

"接下来会有点痛，我要在你的脚和屁股上扎针喔。"

一旁陪诊的 Ayaro 好像要双手握拳跳起来。

"小野先生，我也被艾文扎过，真的会痛到叫出声来。艾文，不要怕，快扎下去！我想看小野先生的屁屁被扎针！"

"……要是旧伤会好，不管要扎几根还是要扎哪里，你爱怎么扎就怎么扎吧……"

艾文逐一在我的脚上扎针，我的脚尖好像河豚一样。

"小野先生，我也被刺过那边，真的很痛对吧？"

"这、这种程度完……完全不会痛。喔，好像在泡温泉喔，嘶啊呜！"

"这、这种程度，我可以轻松克服，唔哇啊！"

"接下来我要在脚底扎针啰！"

"咦？脚底？我从来没被扎过脚底，扎那边不行吧……呜啊！"

说实在话，去跑沙漠250公里搞不好还比这个轻松，针灸真的是逼死我啊。艾文教我各种对症下药的伸展操后，诊疗终于结束。

"接受针灸治疗之后，脚部会出现跟肌肉酸痛很接近的症状，不过赛前就会恢复了，别担心！"

尽管艾文这么说，但刚治疗完的我只能用五公分的小碎步前进，整只脚的酸痛程度，让我像个蹒跚前进的机器人。

（四天后真的能跑250公里吗？到时要是在起点连站都站不直怎么办？就算可以跑，要是比赛途中旧伤复发，走都不能走怎么办……

不行！

医生都说了，"想太多"跟"责任感过重"都不行，情况一定会变好的，不，一定会好的！）

其二 过犹不及

阿塔卡马沙漠250公里马拉松的参赛者约有140名，在这之中，报名参加团体赛的只有英格兰、德国、苏格兰，还有我们日本（"KIZUNA"）的四支队伍。

《孙子兵法》说"知己知彼，百战不殆"，因此，参赛者都确定后，我就偷偷调查其他队伍成员的战绩，毕竟目标是世界第一，做得到的全都要做。除了跑步训练，还有很多能做的事。

首先是苏格兰队，男女混合的四人队伍。观察他们的纪录，应该是一支比起追求名次，跑完全程对他们来说更重要的队伍。

其次是德国队，全员皆为男性的三人队伍。他们过去的战绩不错，有一名五十五岁的成员，不过从他过去的纪录来看，应该不会造成什么威胁。毕竟在团体战里，跑最慢的人会决定整体队伍的速度。

再来就是仍是未知数的英格兰队了，他们也是全员男性的三人队伍。我四处调查，别说沙漠赛事，就连其他战绩也找不到。不过，从队伍名称来看，三位应该都是三铁选手，必须到比赛现场实际看看他们的外形才能判断。对跑者来说，只要看到对手身形跟动作，就能大略推测对方的实力。

"知彼"之后，接下来就是"知己"了。冷静客观地观察一下我们"KIZUNA"的成员，小野、佐佐木和黑泽吧！

首先，昵称阿信的佐佐木信也，三十七岁。2012 年年底开始跑步，资历为两年多。全马跑出 Sub-4（少于四小时）的成绩，角色扮演跑 100 公里马拉松也只花了十二个半小时。虽然他有这样的实力，但在我们三人之中却也是最不占优势的。此外，阿信不管跟谁都能聊，相处融洽，人品很好，气氛紧张的环境下，能够缓和众人情绪，逗人发笑，洞察人心的能力使他所说的每一句话都更具说服力。人们有痛苦或疑问的时候，大多是被这种人挽救。

其次是小黑，黑泽洋介，三十八岁。高中和大学时期参加了滑雪运动社团，高中曾担任主将，其身体素质与心肺机能是我和阿信无法相提并论的。小黑比任何人都要自制，同时也很在意输赢，简单来说就是个超级认真的人。也许就是性格所致，虽然他的跑步资历是三人之中最短的（一年左右），全马的个人最高纪录却是三小时，是三人之中成长最快的。紧要关头可以带领团队的大多是这种人。

最后，让我来客观检视一下自己——虽然很难。小野裕史，三十八岁，三人中跑步资历最长（虽说也只有三年半左右）。参加过戈壁沙漠、撒哈拉沙漠、北极、南极、富士山一周160公里等赛事，经验最为丰富。全马的个人最佳纪录为三小时十四分。事前调查对手、策划角色扮演，想出不少好点子跟馊主意，最擅长把大家拖下水一起实行。缺点是喜欢一个人独挑大梁，想太多，容易"自爆"。

跟我一样，阿信、小黑也都跑过撒哈拉沙漠250公里的马拉松。2011年，我们各自跑了数个月到一年，被我跑完戈壁沙漠250公里的经历所感化，阿信、小黑也加入进来，计划一起参加距离当时三个月的"撒哈拉沙漠250公里"赛事，我因此获得激励，希望三人一起平安跑完。

当时共有 150 名参赛者，阿信第四十名，小黑第二十七名，我第八名。

调查过去沙漠马拉松队伍的优胜纪录，大部分的个人总排名都在第四十至第五十名之间。虽然无法如此单纯地做比较，但要是以撒哈拉沙漠的排名来推测，我们夺得团体比赛优胜的机会很大，况且距离撒哈拉赛事已经有半年时间，每个人的实力都已更上一层楼。

知己知彼后，还有另一件重要的事，"赛程战略"。

把 250 公里的沙漠马拉松分成六个关卡，在七天之内跑完。最初的第一到第四天（关卡一至四），大约各跑 40 公里；到了第五至第六天，须跑完 80 公里左右的夜间赛程（关卡五）；然后在第七天（关卡六）奔向约莫 10 公里外的终点。

从过去的沙漠赛事来看，开始拉开彼此距离的多半是累积了疲劳的后半关卡，特别是夜间赛程的第五、第六天，光是关卡五就能把过去四天拉开的几小时之差逆转回来。

这次的阿塔卡马沙漠跟其他沙漠赛事不同，先在海拔超过3000 米的高地起跑，后半关卡再缓缓降到 2300 米左右，因为海拔逐渐降低，氧气浓度跟着提高，参赛者对高地的适应力也渐入佳境，后半关卡因此更容易使力。

有鉴于此，我们的战略为"第一、第二天的高地，尽可能保留实力；从第三天开始慢慢拉快节奏，第四天拿出真本事；第五、第六天的夜间赛程（关卡五）全力冲刺"；关卡五要是努力点就可以在天亮以前到达终点。如果是这样，第六天就可以好好休养，就算第五天已经用光力气，在最后一天的关卡六还是很有机会恢复精力，毕竟最后一天的距离很短，如果不缩短时间差距就很难逆转。

（这次的阿塔卡马沙漠长征，最可怕的队伍应该就是实力仍是未知数的英格兰队吧！他们是第一次挑战沙漠马拉松，因为没经验，应该第一天就会开始冲刺，不过我们还是不要操之过急，后半段再急起直追。）

平常工作的时候，我也总是不停想着战略、状况掌握情况和对策，休假期间也会"一个人想东想西"来思考策略，大概就是因为这样所以才把肠胃搞坏了吧！

正如孔子所说的，"过犹不及"啊！

其三　关卡一，是盐啊！

2013 年 3 月 3 日，来自四十多个国家的 140 名好手，正位于南美智利中央的阿塔卡马沙漠，身上是色彩缤纷的装备和背包，表情兴奋地聚集在为期七天的 250 公里马拉松"Atacama Crossing 2013"的起点。选手们拍肩、握手、欢呼，越接近起跑时刻，情绪就越高涨。当地时间早上八点，在选手和工作人员高声倒数之下，阿塔卡马沙漠 250 公里马拉松正式揭幕。

虽说是"沙漠"，英文的"desert"不见得仅指沙漠，也有"未开发的荒野"之意。第一天的关卡一，必须沿着满是岩石的红褐色山路跑，一路攀升到海拔 3300 米处，接着一口气降到 2400 米处，全程近 40 公里。

选手当中，有人为了适应高地气候，在比赛前一周就抵达现场。而我们来到阿塔卡马沙漠还不到两天，所以还没适应。

"第一天，先不要紧张，好好观察状况吧！"

参加团体赛的人必须遵守"25 米原则"。队员之间必须保持 25 米的距离，起点、终点以及中间的检查站必须一起通过。

跟我们"KIZUNA"一样，苏格兰队跟德国队的成员都穿着相同装备，一看就知道"那是同一队的"，反观虽进行了事前调查却仍是一团谜的英格兰队队员，似乎各自穿着不同装备，混在周围选手当中，很难辨别哪位是个人赛的选手，谁又是英格兰队的一员。（哎，第一天就别太在意周围，保持个人总排名 50 名以内的速度前进吧！话说回来，不知道是不是海拔的关系，渐渐觉得行李好重啊……）

250 公里的沙漠马拉松，选手必须背负各种必备品。

像是气温降到五度也能保暖的睡袋、2.5 公升的饮水容器或袋子、七天份的盐、急难时使用的防寒防风垫、指南针、呼救用的哨子或镜子、用于夜间赛程的头灯、晚上穿的羽绒衣和针织帽等装备。这些用品在比赛前都须一个个接受检查，这之中最重的就是一天最少 2000 大卡，七天总共 14000 大卡的食物。

在过去参加过的沙漠马拉松里，我们三个人都曾充分体会行李造成的负担，因此，此行便彼此分享知识和技巧，致力于将"装备轻量化"。在前往阿塔卡马沙漠的几个月前，我用最小测量单位 0.1 克的测量计来测量装备，甚至还用锉刀磨掉不必要的部分，力求整体轻量化。

"KIZUNA"的队员背负的行李重量各为：

　　小野：7.5 公斤（白萝卜装占了 635 克）

　　佐佐木：9.5 公斤（香蕉装占了 730 克）

　　黑泽：10 公斤（长颈鹿装占了 711 克）

　　"如果你们这么讲究，那干吗还特地带那么重的扮装道具去？"

　　这类吐槽先摆一边，我们三个的行李（特别是小黑身高较高，阿信体格很好，所以需要的食物更多，装备自然更重），比起其他选手都还要轻量。最占空间的粮食会随时间减少，行李也就跟着变轻，但是比赛的第一天，身上不但背着七天份的食物，还要加上一到两公斤的水。我的行李在这一群人当中算是最轻的，加上水的重量却也将近 10 公斤，沉重地压在肩膀跟背上。

　　我们被灼热的阳光照射着，背负行李攀登山道让人呼吸困难，海拔已经超越 3000 米，不知道是不是高山病的关系，头部感觉非常沉重。为防万一，我们服用了对抗高山病的药物 DIAMOX，提醒彼此要深呼吸，积极地踏上上坡路，在平坦好跑的路面也以平稳的速度前进。

　　沙漠赛道上随处可见小小的粉红旗，这些插在荒野上的旗帜间隔数十米，有些则绑在灌木丛上。

　　在过去的沙漠赛事中，我曾有好几次因为精神过度集中，或是因热气而神志恍惚，看不见旗子而跑出赛道。事前讨论到这件事时，大伙曾说："我们有三个人，所以不用担心会忽略旗子。"我们真是太天真了。

　　"喂，粉红色的旗子是不是不见了？"

进入关卡一的终盘时，三个人顺利地跑着，经队员这么一说，好像真的好一阵子没看到粉红旗了。

慌张地折返 200 米左右，发现旗子朝着另一条岔路排列而去。

我们集体忽略了岔路，直直向前跑。主办单位在分岔路口插上大量旗子，避免选手们忽略，然而我们三个太集中于跑步，全员一起看漏了。

"喂！这里有岔路，我们看漏了。"

第一天就发生让人背脊发凉的事件，幸好只浪费了五分钟就马上回到赛道上。如果再晚一点发现，搞不好会浪费数十分钟，甚至还有遇难的危险。

第一天的关卡一，除了浪费了一点时间，没有其他大问题，我们保持稳定的速度，以总排名四十二名的名次达阵，排名如同预期的那样，并不坏。比起一周前的东京马拉松，我的脚痛到连 10 公里都跑不了，今天跑了 40 公里却毫无异样；明明四天前在纽约还没办法好好走路，如今却这么能跑，没有比这更令人高兴的了。不过现在还只是序盘，等到了开启认真模式的关卡四早晨，还有最大决胜点、区间最长的关卡五早晨时，脚的状况会如何呢？这才是关键所在，哎呀，想再多也没用！

抵达终点后，我跑去确认那些我很在意的队伍纪录，因此受到不少打击。

"实力未知"的英格兰队，竟然在十六分钟前率先抵达。或许因为他们还是沙漠赛事的新手，所以从一开始就想要拉开距离，不过十六分钟的差距还是不小。

工作人员似乎正对英格兰队议论纷纷，一问才知道，他们有两名队员同时抵达，剩下一人不知为何抢先了一步。

"他是不知道 25 米原则，还是想放弃团体赛改比个人赛呢？"

十六分钟的差距，还有脱队的行动，英格兰队的表现让我备感压力。一返回帐篷，采访小组的今冈冲着我笑，竖起大拇指说："小野君！（明天开始的逆转）我相信你喔！"多让人开心啊！没问题，明天开始给我好好看着，我们会做给你看！

情绪上虽然打起精神了，不过从关卡一的中盘开始，我的胸口一直有种想呕吐的感觉，恶化到难以忍受的程度，让我一回帐篷就整个人倒下。

（什么啊，这股不舒服，在过去的比赛中我从没经历过……）

鉴于过去累积的比赛经验，还有赛前的身体不适，我准备了丰富的药品。不过，即便吃了成药 Gaster 10 和止吐药，状况仍然不见改善。

（糟了……第一天身体状况就这么糟，明天站得上起跑线吗？）

突然，我灵机一动，试着摄取盐分。

（这症状该不会是脱水吧？）

比赛的过程中，虽然我有好好喝水，但是只要一流汗，体内的盐分就会随之流失，必须适度补充盐分。虽说如此，倘若摄取过量，身体会因此水肿，造成脚和鞋子的摩擦，容易起水泡，水泡有可能引发感染，甚至是脱皮，最后没法走路只好退赛。

嗯……啊咧？

不知怎么，身体好像变得比较舒服了喔？

吃下各种现代医学药品都无法恢复的身体，竟然靠两颗小小的盐锭就恢复了。虽然常听人家说："只要有水跟盐，人类可以活好一阵子。"但这还是太神奇了！盐！是盐呐！

这么说来，盐分摄取的微妙平衡关系着脱水或水肿，这让我再次感受到沙漠赛事的艰难。从第一天的高山病洗礼、脱离赛道、团体赛第二名的压力，还有脱水疑云等，一口气拥有过去在沙漠里从未有过的体验，这次的比赛应该也会很有趣！

其四　团队和小组的差异

阿塔卡马沙漠的第二天早晨。
朝霞真是无与伦比的美丽啊！

阿塔卡马以天文学观测站而闻名，夜空里，即便月亮熠熠生辉，银河仍一览无遗，能看见大量的星星。清晨的天空则漾着鲜艳橙色到透明淡蓝的渐变层，真的很美。

如此清爽的早晨，我慵懒地走出帐篷。
虽然在比赛前我就已经做好某种程度的思想准备……
是的，我深受"每天早上便便总是不成形"的困扰。
比起在中国出差时的身体不适、几乎毫无食欲还不停下痢的状况，能吃东西已经很让人高兴了，不过这些家伙怎么就不团结一点啊……

第二天早上，便便的"固态指数"开始急遽上升，哎呀！这真是第二天的好预兆！

说到"不成形"，昨天比我们早十六分钟、三人"不成团"抵达终点的英格兰队，看来似乎真的"不晓得有 25 米原则的存在"。

一般情况下，他们算是犯规了，然而在这里并没有受到惩罚，据说可以继续进行团体赛。

沙漠赛事的早晨，在八点三十分起跑之前，大会总监阿里娜·布朗开始大会报告，告知当天赛程的特征、难易度与气温，并宣布个人战夺冠的男女选手，以及团体赛第一名的队伍，他们在会上接受众人的掌声恭贺。

这天早上的大会报告，被叫到的第一名不是我们"KIZUNA"，而是英格兰队"Castle Triathlon Series"。这第二天而已，不慌不忙，相信我们自己的战略吧！

这天，我们以"不被英格兰队拉开十六分钟以上的路程，稳定前进保留体力"为目标。

跟第一天相同，全员一同倒数，随着欢呼声，各自以自己的节奏踏上旅程，关卡二就这样开始了。

今天的赛程是阿塔卡马赛事知名的"渡河无数次，大沙丘下坡"路段。

"脚底起水泡"是选手被淘汰的要因，常由被汗浸湿的脚底不断与鞋子或袜子摩擦而引起。要是跑沙丘时不慎让沙粒跑进鞋子里，鞋里的空间就会越来越少，更容易引起摩擦。

简而言之，"渡河下沙丘"的赛事，等同于"欢迎光临，脚底水泡"的铁板赛道。第二天的序盘，就送参赛者水泡当礼物，赛事总监小阿里娜不仅长得可爱，也挺会设计比赛的嘛！

即使如此，渡河还是很好玩的。三位年近四十的大叔喊着："好冰！好舒服！""哇！脚浸得超深的！"不停尖叫，缓缓渡过河道。

我们上气不接下气地喘着，终于抵达漫无尽头的坡道上头，前方的沙丘下坡仿佛是奖励般摊开。

"要一路下到那么远的地方去啊？超陡的。"

从沙丘上跑下来，让人不禁想呐喊："这才叫沙漠赛啊！"这是赛程里最好玩的一段路。我一步步地跨步迈进，一下子就能跳到数米外，好像在月球表面漫步啊！

截至目前，负伤的脚似乎没有什么问题，肠胃也逐渐恢复，今天丝毫感受不到胃部传来的呕吐感。

"能够健健康康地跑着，真是开心！"

让人想朝着天空放声大叫般的开心！

我们"KIZUNA"的跑步资历虽然不长，不过三人一起跑100公里马拉松的经验却有好几次，我们对彼此的特色、长处、短处都十分了解。

然而，在沙漠这种非比寻常又极度严酷的环境里，要一起度过七天时间，不管到目前为止相处得多融洽，接下来若是发生什么摩擦其实也不足为奇。

动身前往阿塔卡马前，我们在东京举办了一场壮行会，当时三人皆发表了自己对阿塔卡马之旅的想法，阿信说了这么一句话："团队和小组的差异。"我觉得很棒。

"小组"产生的结果，不过是成员个人表现的总和；而所谓的"团队"，却是所属成员需倾听其他人的意见，做出建设性的反馈，有时善意地解释其他主张中的疑点，汇总他们关心的事或认同其价值观，进而创造超越个人能力总和的成绩。

老实说，从关卡一的第一天开始，我跟小黑就有点不愉快。

我是"（为了好纪录好名次）营造愉快的氛围来跑"的类型；小黑则是"（为了好纪录好名次）就算只剩一秒钟也要冲"的类型。

虽然我们的目标都是"世界第一"，但接近目标的方法却各有不同。

第一天的小口角就是因为我的"毕竟赛事很长，'找乐子'也很重要"的态度。面对稍微放慢脚步，想拍个照的我，小黑说："只要可以争取时间，多一秒也要继续向前跑。"就因为这点小事有了小摩擦。

当然，没有说哪一方一定是对的，但我们确实欠缺"倾听彼此意见"跟"以善意来解释"。简单来说，就是没有尊重彼此的想法。

高地的空气稀薄，气温大约40℃，背负近10公斤的行李，承受"成为世界第一"的压力跑着，彼此精神上的余裕皆逐渐消失。

关卡一微不足道的口角，就是在这种情况下产生的，不巧的是，平常在这种时候负责调解的阿信，也因为身体不适，只能拼命专注在自己的节奏上，没能帮忙说几句话。

小黑跟我之间，流动着些许尴尬的气氛。

在抵达关卡一的终点时，我们终于握手言和，笑着说："尊重很重要，我们都要学习。"

尖叫着跑下关卡二的大沙丘，抵达第二检查点，我们正在清理鞋袜里大量的沙粒。

"英格兰队快到了。"

关卡一领先我们十六分钟的英格兰队，在关卡二的渡河区就已经被我们甩掉，却在中盘再度追上我们，差距不到五分钟。不知道是不是反省了昨天的违规事件，他们三人确实是一起行动，从表情和跑法看来，状况应该不差。

这让我再度感受到些许压力，但还是必须按照当初的战略，不疾不徐地继续前进。

在这之后，一路上也没有被英格兰队追上过，平安抵达关卡二的终点，我们彼此握了握手。第二天的总排名是第二十八名，今天的速度跟关卡一跑出第四十二名的速度一样，结果不坏。英格兰队落后我们二十六分钟，累积十分钟之差，我们成为团体战冠军。

关卡二开始前的目标"不被英格兰队拉开十六分钟以上的路程"，不仅超前完成，结果还超乎预期的好！

不过，今天英格兰队的行动还是有点怪怪的。

一直到第二检查点还一起行动的三人，在抵达终点时，不知为何只有一人领先到达，四分钟后，剩下的两名队员才通过终点。

"这……应该又犯规了吧……到底是要跑团体赛还是比个人

赛啊？"

任何人都有自己认为的"好跑的节奏"，配合其他人的速度跑，即便是比自己慢的节奏，有时也可能会变得更累。

不过，正因为是团队，考虑当下各成员的身体状况和体力，找到当下"团队的最佳节奏"才是团体赛的铁则。换作是我们，"明明只差四分钟，先抵达终点的那位选手，配合其他两人的速度来跑不就好了吗？"

尽管我心里这样想，但在这样恶劣的环境下，他们应该有什么苦衷吧！

最后，被主办单位指摘的英格兰队，宣布"放弃团体赛，各自出战个人赛"。

此外，德国队则是三人中有一人在渡河时受伤弃权，无法满足团体赛"三人以上"的最低条件，因此自动切换为个人赛。

关卡二结束没多久，参赛的四组队伍中，只剩下我们"KIZUNA"跟落后数小时的苏格兰队。苏格兰队的四名队员好像也有一人弃权，目前只剩三人。

就团体赛来说，如果"我们三个都没弃权，顺利跑完，几乎就确定是世界第一"了。

英格兰队，实力跟体力大致相同，每个人看起来都还很有精神，搞不清楚详细情况，却已自行解散。

德国队，穿着一模一样的装备，整体看起来感情融洽，却因为成员受伤，只好放弃团体赛。

才来到赛事的第二天，我们这队就已经发生小口角，在这之后，搞不好也会碰上同样的问题。

身为最大的未爆弹，我负伤的脚却奇迹似的还未作痛过，不过，负伤处（右脚足弓外侧）的另一侧脚跟却出现些许闷痛。

（因为分担负伤处的工作而出问题了吗？如果我跑不了，不要说世界第一，连团体赛都没办法继续……哎，总会有办法的！最重要的是第二天平安结束，而我的脚还能跑，这不是太棒了吗？）

虽然已经非常接近团体赛的世界第一名，但我们可不能懈怠。
"夺得世界第一，同时也要破个人最佳纪录！"
重新设定好目标，贯注团队的力量在这个目标上。

其五　对沙漠的"各种心愿"

赛事第三天，关卡三。

这天，同样在早上六点左右爬出睡袋，尽我所能不踩到其他人地走出挤满八名选手的帐篷，上完厕所，我一边做伸展运动，一边准备早餐。我在沙漠里的早晚主食都是干燥即食米，它是把煮好的饭干燥加工后制成的，只要冲泡热水，等个十五分钟就成了美味的米饭。在这十五分钟内，我伸展身体的各个部位，让身体回温。

白天气温会升高到40℃左右，虽然每天都热得苦不堪言，但起跑前的早晨，却总是让人冷到全身打战，不得不在篝火附近活动。

事前决定的关卡三战略为"开始拉快整体速度",不是加快跑步速度,而是"稍微放慢节奏没关系,但要减少步行的频率,能跑的地方全都要跑"。

要是能减少步行时间,就结果来说就能大幅提升成绩。

从赛事的第一天开始,"KIZUNA"都会在起跑前一起喊话激励士气,"Iomare"改编自我们三人共同参加的三铁队口号。

"不要输给自己,每个人都是伙伴,感谢所有事物,TEAM KIZUNA!"

关卡三的早晨,一如往常,我们三人围成一圈,正准备喊出口号,这时,却有好几位日本选手聚集过来说:"请让我们加入吧。"

"不要输给自己,每个人都是伙伴,感谢所有事物,TEAM KIZUNA & JAPAN!"

紧紧系好背包的带子,确认水壶里水量充足,在欢呼声与掌声下,关卡三正式起跑。

起跑前,阿里娜的大会报告里才提到"今天的赛程不会很困难",但起跑后没多久,就出现比身高还高的树丛,必须边跑边拨开障碍才能前进,不愧是我们的女神小阿里娜,今天也是个超级虐待狂啊!

这天的气温高到将近40℃,非常热,虽说已经习惯了高地气候,但这里的海拔还是比富士山的五合目(富士山登山口,海拔约2300米)还高。比起第一天已经变轻不少的背包仍然很重,光是跑步就很吃力。

即便如此，我们三人还是互相鼓励，努力实现今天的目标，"减少步行的频率，能跑的地方全都要跑"，时间就在集中精神的同时流逝。光是能这样很有活力地跑着，就让人觉得心情大好，况且，我还不是一个人面对，是跟伙伴们一起跑，教人更加安心。

人类是对肉体疼痛或疲劳程度的感知能力会被精神状态左右的生物。

关卡二结束时，脚跟隐隐作痛，到了关卡三，我却因为心情很好，跑着跑着竟也忘了痛楚。

（确实，为了不再增加闷痛脚跟的负担，也为了不让旧伤承受更多负荷，我的每一步都是全神贯注地在跑啦！）

曾有位大前辈跑者说过这样的话。

"小野君，脚痛这类问题，会在跑步的途中自己治愈喔。"

原来是这个意思啊！我也接近这个境界啦！

"喂，你看，那不是营地吗？"

竟然这么快就已经可以看到关卡三的终点了，不知是否因为过度专注地跑，所以终点才比想象中近。

然而，我们果然还是太天真了。不是早就在过去的沙漠赛事中体验过无数次这种"阿里娜陷阱"了吗？

"沙漠赛事女神"（我擅自取的称号）阿里娜·布朗监督的"四大沙漠赛事"，隐藏有几种常见的情况，我称之为"阿里娜陷阱"。

第一种情况，正是"下一个检查站或终点应该很快就会出现，上下坡道好几回了却还是不出现，就在忍耐不住要崩溃的时候，竟然突然出现了"的情况，可说是"外冷内热"。

另一种情况，则是"应该马上就要到的检查站或终点突然出现，然而，不断前进却始终到不了，就在再也看不到目的地的时候，再度出现让人崩溃的无止境困难路段"。跟前者相反，这可以称作"外热内冷"的情况。我个人认为后者的攻击力比前者更大。

关卡三的中盘，果然就碰上这个"外热内冷"的"阿里娜陷阱"了。

营地就在眼前，在那之后，却又好几次爬下沙丘，再爬上沙丘。

看着标示赛道的粉红旗，我心想："该不会要从这爬下去吧？"但也只能爬下沙丘，"这座险坡也要爬吧，毕竟插着粉红旗……"只好再攀上沙崖，正想着："沙丘路段终于要告一段落了！"却听到跑在前头，已经爬上坡顶的小黑气喘吁吁地大喊："真的假的！？"

坡道尽头的粉红旗，朝着荒野里的幽深溪谷一路绵延直至被吞没。喂喂，拜托，小阿里娜啊……我脑中不禁浮现穿着恶魔装扮的阿里娜抛着媚眼的模样。光是这样跑着，就因为炎热的气候和稀薄的氧气，我的意识开始恍惚。

抓着生长在沙地里的树丛，一路被树根绊住脚、在沙地上打滑，好不容易到达溪谷的底部。

在那里，鲜艳的绿意中吹拂着清凉微风，清澈透明的小溪缓缓流淌，简直就是绿洲，原来你不只是恶魔那么简单啊，小阿里娜！

接着，我们又再次坠入陷阱。双脚陷进满是黏稠软泥的溪底，在难以寻得踩踏处的灌木岩坡上，穿着沾满泥巴的鞋子行走，举步维艰。让人不禁想苦笑一番，却只得慢慢前进。

从溪谷爬上来以后，正想着再艰难也差不多该是终点了吧，仿佛惩罚这份牢骚似的，浮现在眼前的沙丘是一段连续的上下坡段。

爬上这段让人心想"再过分也不该如此"的到目前为止最艰难的坡道，终点旗帜终于再次露脸，不过，通往那端的赛道却是……你这家伙……

延伸至终点的直线，往深不见底的山谷下降，前方是让人难以置信却恐怕还是得爬的连续沙丘。

最后，我们用尽全身气力地吸进氧气，尽力吐气，一步步爬上沙丘，终于抵达终点。关卡三的总排名是第二十七名，比起关卡二的第二十八名成绩还要好，同时也达成"能跑的地方全都要跑"的目标。脚的旧伤也没问题！（别说旧伤，就连新的负伤都消失了。）

明天开始，就是开启认真模式的关卡四，先不提这个，在比赛开始前，双脚没有任何运动伤害，真是难以想象，太感谢了！

这一天，正如我们所预期的那样，其他选手似乎也受困于连续刁难的赛道中，回到终点的时间都比之前还晚。

太阳下山，天色渐渐变暗，规定时限逼近，让人忧心忡忡的跑者还没回到终点。准确来说，是"跑者们"。

这次的阿塔卡马沙漠很让人感觉惊艳，有来自日本和巴西各国的盲人选手参赛，当然，在沙漠里跑步本身就很困难，更何况没有陪伴他们跑的跑者。日本代表来挑战阿塔卡马沙漠的全盲跑者是滨田选手，陪伴他的在日韩国人金先生，以"近来日韩外交关系不好，想成为彼此之间的桥梁"为目标，决定成为滨田先生的搭档。

此外，在韩国担任警官的赫万先生也加入支持队，两人以搀扶着滨田先生一起跑的形式，一路克服困难来到关卡二。光是自己一个人跑都够吃力的沙漠赛事，还要在协助旁人的情况下完成，没有强健的意志是办不到的。

比赛进行到关卡三的这天，照理来说应该协助滨田先生与金先生的赫万先生，一个人有气无力地回到已经天黑的终点。他讲的是韩文，所以详细状况我并不是很清楚，只是滨田先生跟金先生似乎在赛程中碰上了麻烦，赫万先生也是万分煎熬，不得不丢下他们先回来。

一回到终点，赫万先生就满脸悲痛，不停地低头做出"对不起"的动作。

"您在说什么啊！有您的鼎力相助，我们充满感谢，谢谢您！"

四周已经一片黑，离规定的时间也越来越近。虽然为了明天的赛事不赶快吃饭不行，不过因为我实在很在意，还是不停跑到终点去偷看。就在时限已过，众人垂头丧气时，大会中担任志愿者的日本人珊迪近藤小姐说："不要紧，就算超过了限制时间，只要大家有这份朝着终点前进的意志，我想应该就不会被淘汰。"她以这样的方式适时地为在场的人打气。

就在开始有部分选手准备就寝的时候，终点那端的远方出现缓缓移动的头灯光线。

"是滨田先生他们！"

终点位于险峻沙丘的位置，沙丘上扬起韩国和日本国旗，许多选手开始为滨田先生以及带路的金先生加油打气。

仿佛被声援声推着前进般，两人拼命地爬上了沙丘，一抵达终点就倒在地上。他们通过了无比艰难的赛道，滨田先生的脚满是擦伤，甚至还流着血。眼看这两人暂时起不了身，四五名日本选手开始帮金先生把背包拿回帐篷，并把滨田先生送往急救站。所有选手经历了三天赛事应该都相当疲累，却借助滨田先生他们的意志而获得勇气，每个人都神采奕奕地协助着滨田先生。

连身体健全的人跑起来都相当吃力的赛道，他们却能一路相伴地抵达终点，要是没有一定程度的坚强心智，是绝对无法达成的。

搬完滨田先生的沉重背包，我的心里满是感动，看着金先生和滨田先生，一句话也说不出来。这才是真正的团队，不是吗？

（明天我们也将进入关卡四，要开启认真模式，不管发生什么状况，都要用尽全力挑战赛事。）

其六 "另一个"成员

不知为何，也许是被滨田先生和金先生抵达终点的壮绝画面所感动，结束关卡三的当晚，我几乎无法入睡，已经过了两点也毫无睡意。

前一晚其实也睡不着，最后是吃了小黑提供的助眠剂才得以浅眠。

（老实说，我又不是没有两个晚上不睡、花44小时跑250公里的经历，小意思！）

反复睡睡醒醒地迎接第四天早晨，关卡四开跑了。不知是否因为精神紧绷，我感受不到困意和倦意，身体状况也不差，按照当初的计划，今天要以认真模式来跑。

至于赛道的难易度——等着我们的是目前为止最困难的"恶名远播"的关卡。

从起点开始，我们就一直对彼此喊话："速度很好！""不错不错！""KIZUNA"三人以绝佳的节奏前进。

或是在踏错一步就会马上扭伤的凹凸不平的路上前进，或是跑在表面乍看坚硬，实际一踩却马上凹陷，深褐色的表面会浮出白色盐粒的"巧克力蛋糕"赛道，偶尔还得渡河。

渐渐习惯炎热的气候和高地，行李逐渐变轻，虽然是困难的赛道，却还是能完全集中地跑着。越是这种时候，时间的流逝就感觉越快，等到结束时一看，关卡四竟跑出第二十三名的好成绩。三人都跑得很满意，在抵达终点后紧紧握手。虽然精疲力竭，但三人都有越发精神的感觉。随着我们队伍的成长，名次也确实前进了，我的脚状况也不坏。

于是，剩下的就只有明天开始的区间最长的第五、第六天彻夜关卡——"关卡五"，还有最后第七天的关卡六。关卡六只有 10 公里左右，明天的关卡五才是最重要的。

在来到阿塔卡马的路上，真的发生了许多事。

三周前，我遭遇人生首次弃赛跟出乎预料的负伤，从那之后就开始跟旧伤缠斗，一周前又再度弃赛。在行程乱七八糟，去中国出差的期间，还被谜一样的恶寒和欲呕感缠上，比赛四天前甚至被送往急诊室去。

站在赌上"成为世界第一"憧憬的关卡五前，三人都还能保持脚和身体的健康状态，堪称奇迹。

（一定是"阿俊"保佑着我们吧！）

差不多该说说阿俊哥的事了。

他是我们"KIZUNA"队的另一名成员，既是活跃于全球的设计师，也是运动领域的大前辈，嶋田俊彦先生，昵称"阿俊"，对我们来说，他的重要性犹如大哥一般。

从阿塔卡马的第一天赛事开始，我们的胸前都贴着阿俊哥的照片。

第一次遇到阿俊哥，是在三铁队伍"Iomare"开始活动的2010年夏天。

我终于克服连 25 米都游不了的旱鸭子病，一如往常地在推特上喊声：
"我想参加三铁，募集队员！"
包括阿信在内的五六名成员，虽然才认识不久却马上熟悉了起来。
"机会难得，我们就组队穿帅气的队服参赛吧！"

"那我请以前也是三铁选手的设计师嶋田先生一起参加，顺便拜托他设计队服。"

就这样，阿俊哥加入了我们，这就是我们相遇的契机。

于是，三铁队伍"Iomare"诞生，队服也由阿俊哥设计完成。

就连在阿塔卡马穿的"KIZUNA"队服，也是由阿俊哥操刀设计，是三铁队伍"Iomare"专用的自行车服。

很巧的是，这件队服上有阿俊哥设计的"KIZUNA since 2010"（自2010年开始的"羁绊"）字样。

其后，只要穿着队服参赛，就会听到"那件队服好好看，我也想加入！"的声音，就这样，逐渐集结工作和年龄各不相同的优秀队友，创立才两年半，就已经成长为约有100名队员的队伍了。

不知何时起，阿俊哥设计的这件队服，对"Iomare"的成员来说，已经成了"羁绊"般的存在。

阿塔卡马赛事开跑的一年前，2012年3月。

突然传来冲击性的消息。

"阿俊哥，据说已经癌症末期，医生宣判'只剩一年时间'……"

即便得了癌症，阿俊哥还是一如既往，以笑容和坚定的态度说："克服癌症是人生的最大挑战。"

甚至还说："要是我撑过一年，就找那个医生来，我们来举办'我活下来啦'派对！"

阿俊哥有时会偷偷跑出医院，前来和"Iomare"的成员相聚，用他的高个子身材穿搭一如往常的酷帅衣服，跟大家吃饭喝酒。

"这种材质的衣服，应该非常适合小野先生喔！"

甚至还会给我建议。

不过，现实还是现实。

随着时间流逝，阿俊哥的身体也确实被癌细胞侵蚀了，越来越消瘦。

即便如此，他仍不放弃希望，不管因疼痛而多辛苦，还是开着"每天都是彻夜关卡"之类的玩笑，与癌症奋斗十一个月。距离我们的阿塔卡马赛事，以及阿俊哥的"只剩一年时间"宣告日不远的某天，阿俊哥对我们这么说：

"一直以来，我都比较喜欢帮人家加油，被人声援常常会觉得不好意思，不过，最近屡屡出现'搞不好快要撑不下去了'的疼痛和挫折，所以，在阿塔卡马健康跑着的大家如果能为我加油，我想我就可以继续努力下去。"

一直以来，阿俊哥都是个没有抱怨跟不满，总是以笑容和温柔带给我们勇气的人，这是他第一次对我们提出"请求"。

终于到了可以报恩的时候。

荣幸之至，请让我们为你加油！

　　穿着出自阿俊哥之手，可说是充满阿俊哥"灵魂"的队服，我们要精神饱满地跑完阿塔卡马沙漠马拉松，然后用笑容夺得第一。

　　不管怎样，都要让阿俊哥看看这样的我们。

　　不过，所谓的时间，不管对谁来说，都是有限又残酷的。

　　出发前往阿塔卡马沙漠的五天前。

　　跟阿俊哥交往七年、发现癌症后登记结婚、不管什么时候都笑脸迎人的美纪姊哭着说：

　　"医生对我说，阿俊可能'活不过一周'。"

　　当晚，我们哭惨了。

　　这是什么时间点？只要再过几天，阿俊哥期待的阿塔卡马马拉松就要开始了，这多让人不舍。

　　只是，光顾着哭是什么事都做不成的，做得到的事，就要马上做。

　　当晚，我通过脸书召集"Iomare"的成员。

　　"紧急！阿俊哥声援计划！明天，星期六下午一点，在天现寺十字路口集合！"

　　隔天，2 月 23 日，即便是临时状况，还是有 20 名左右的伙伴出现在天现寺。

　　我们要传递讯息给阿俊哥，还有不论何时都笑着为我们打气的美纪姊。

"从阿俊哥的病房可以看到天现寺十字路口，我们在天桥上穿着他设计的队服，把给阿俊哥跟美纪姊的声援讯息传递出去！"

20 名穿着"Iomare"队服的伙伴聚集在天现寺十字路口的天桥上，朝着阿俊哥的病房翻起巨型纸板，把大大的手写讯息摊开来。

"阿俊哥，谢谢你给我们的羁绊！"

"美纪姊，谢谢你的笑容！"

"大家都是伙伴！"

四天后的 2 月 27 日 2 点 43 分，就在我们要离开东京前往阿塔卡马的当天早上，阿俊哥离开了我们，前往天国。享年五十岁，如此年轻。

从中国出差回国，正好因为身体不适被送往急诊室的我，接到阿信的电话，当时他就在阿俊哥的病房里，我立刻搭出租车飞奔过去，赶上见阿俊哥的最后一面。

"阿俊哥，你是在等我从中国回来才舍得走的吧？"

神奇的是，阿俊哥离开的 2 月 27 日，据说就是"羁绊之日"（"27"谐音为"羁绊"）。

这既是阿俊哥刻在我们队服上"KIZUNA since 2010"的"羁绊",也是被我们偶然选为阿塔卡马队名的"KIZUNA"。

同时,阿俊哥也确实撑过与交往七年、发现癌症后终于结婚、最心爱的美纪姊的"交往纪念日"(2月26日)。

"美纪,你是我的镜子,所以不要哭,要一直笑着喔!"是他留给一直在病床旁守护的美纪姊的话。

"阿俊哥,到最后都要帅气地走喔……"

阿塔卡马赛事一周前的东京马拉松,即便有旧伤复发的风险,我还是执意参加,也是因为希望能把精神奕奕扮装跑步的样子,借由Ustream的网络直播让阿俊哥看到,使他借此打起精神来。

当时,阿信穿着香蕉装跑步,肚子上贴着"阿俊"字卡,托它的福,沿路上的人们大喊着:
"阿俊!加油!"
这些声援通过网络直播传到阿俊哥的病房。

东京马拉松的前一晚,阿俊哥的体力到达极限,因为用药而意识恍惚,却还是手写了这段文字。
也就是遗言。

"以后去比赛,如果大家一起去吃意大利面,不要装模作样地挑东挑西,我要那个,我要这个……而是只点一种,马上决定马上吃。在意大利，跟喜欢的成员点一样的意大利面是很重要的，我也觉得应该要这样。东京马拉松，我很期待，勉强自己是不行的喔！嶋田。"

现在回想起来，阿俊哥最后的讯息，正是在告诉我们"团队的重要"！

阿塔卡马赛事的这四天来，我们三个虽然目标相同，却也曾因为小小的理念差异而产生摩擦。

"不要装模作样地挑东挑西，我要那个，我要这个……而是只点一种，马上决定马上吃。"

是的，不要任性，只要朝着决定的目标前进就行。

阿俊哥一定是想传达团队思考的方法给我们吧！

来到医院的地下室，我拥抱结束战斗、安详沉睡着的阿俊哥，跟他道别："阿俊哥，一直以来真的很谢谢你。阿塔卡马，请你好好看着，我们会拿世界第一回来。"天亮后一行人直接动身出发，一路来到阿塔卡马沙漠。

关卡四结束的傍晚，采访小组的井野、小友把我们叫去媒体专用的帐篷集合。

"有个影片想让你们看看……"

影片里，不正是阿俊哥要留给"KIZUNA"队员的讯息吗？

看着画面里阿俊哥温柔又有力的眼神，他还没开始说话，我的眼泪就已止不住地落下。

跟阿俊哥道别后，我一直强忍着不哭。

他通过画面一个一个对我们留下讯息。

"如果睡着了，明天是否就不会来了？"这种与死为邻的不安，还有"无论在多痛苦的赛事中都无法体验的"剧烈疼痛，阿俊哥努力对抗着，却还不忘为我们声援加油，并且期待这场阿塔卡马赛事。

我们因感谢和不舍而放声痛哭，确确实实地收下阿俊哥的讯息。

巧合的是，阿俊哥出殡前晚，守夜的开始时间正好跟我们明天要跑的关卡五起跑时间相同（智利时间是 3 月 7 日早上 8 点，等同于日本时间 3 月 7 日晚上 8 点），告别式将在十四个小时后举行。

"要是抽抽噎噎的，可是会被阿俊哥骂喔！明天的关卡五要打起精神跑完，赶上阿俊哥的告别式，然后在终点那端一起默祷。"

其七　OVER NIGHT

这天早晨终于到来。

在东京以及地球另一端的阿塔卡马同时开始，两场"OVER NIGHT"（彻夜）。

这一天的目标有三个。

一是尽全力跑，确定"世界第一"的位置。

二是在阿俊哥的告别式（十四小时后）开始前抵达终点。

三是还有余力的话，就角色扮演抵达终点。

第三个目标，也是最不可或缺的。

"难过的时刻更需要幽默跟笑容"的精神，是阿俊哥一直教导我们的。况且，特地从日本带来的扮装道具要是连穿都没穿，到头来就只是"奇怪的负担"而已。

跑了将近80公里，关卡五的起点，是一片开阔的纯白盐湖，仿佛乌尤尼盐湖（世界最大的盐湖，又称"天空之镜"）般梦幻的地方。

昨天看到这幅景象时，阿信邀我：

"好漂亮啊！小野先生，我们稍微下去湖里看看吧！"

但曾在戈壁沙漠脚起水泡，差点因为感染而必须弃赛的我说：

"不能大意！为了明天，还是不要下水比较好。"

最后，我们只在湖边穿着扮装拍完纪念照就结束了。

没想到，关卡五起跑没多久……指示赛道方向的旗子，就完全朝湖中延伸过去了啊！

看来，不论如何，脚都会湿个彻底了。

"这样的话，就只好边跑边玩个痛快啦！"

湖里几乎都是浅滩，只有脚踝是泡在水里的，所以可以一直跑到很远的地方。伴随着简直就像在湖面上跑步般的快感，关卡五开始了。

泡在盐湖里的鞋子，干燥后变得又白又硬脱不下来，我们一边小心翼翼地避免掉进因干旱而龟裂的地面裂缝，一边踏在几乎要把鞋子弄坏、因盐结晶而尖锐凹凸的地面上，保持前所未有的速度，不断向前。

这一天，发生了一件非常不可思议的事。

我们三个人在这四天内从未"手脚浮肿"，这在沙漠里算是"理所当然"的事，结果竟然在关卡五开始没多久后，同时出现症状了。

这四天来没有出现浮肿症状真的很离奇，但在同样的时间点同时出现在三个人身上也很不可思议。

平常一向不信神怪之说的我们，这时也不禁心想："一定是阿俊哥为了守夜，暂时离开阿塔卡马回东京去了吧？"
我们为此深感不可思议。

"KIZUNA"队有着"最佳配置"，能让三个人发挥各自优点。
小黑有着强健步伐，还有容易发现引路旗的身高优势，因此总在前头带路。
阿信则为了弥补跑力差距，夹在三人的正中间，跟前后两人闲聊无聊的冷笑话，缓和气氛。
跑在尾端的我，负责观察整体速度和剩下的距离，在最能提起团队干劲的时刻，一边导航，一边追上前面的两人。
这四天下来，为了发挥各自所长，安排了"各自的任务"，可以说连"团队"都成长了。

即使被迫持续面对前所未有、让人呼吸困难的速度，也比平常更频繁地喊话："到下一个石头为止，努力维持速度吧！""专注呼吸就会变轻松喔！""差不多要达到气温高峰了，接下来会比较舒服喔！""再十分钟，到检查站就有水喝了。"三人各自充实着赛程。

（跟阿俊哥因罹患癌症所要克服的那些痛苦比起来，我们的根本不算什么，我们要加油！）

别说目标是十四个小时以内，天还亮着我们就已经接近终点了。名次上应该也爬升到相当程度了才对，差不多该是我们出场的时候了。

"好！来好好干一票吧！"

这个时刻终于来临了，"在沙漠上角色扮演抵达终点"。

在出赛前，我曾这样想过。

"确定团队获得世界第一时，就把握机会角色扮演抵达终点，不过，最后一天的终点，还是想穿阿俊哥的队服。"

因此，"角色扮演抵达终点"的机会，只剩今天这个关卡五的终点了。

我们不疾不徐，白萝卜、香蕉、长颈鹿，跑在被夕阳染红的阿塔卡马沙漠里。

三名角色扮演跑者，手牵手奔向终点。

至于纪录，别说目标的十四小时，我们的成绩竟然不到十一小时三十分钟，关卡五排名十六，我们办到了！

"这样的话，团体赛世界第一就几乎确定了。而且总排名成绩也很棒！我们办到啦！"

三位扮装大叔气喘吁吁地在镜头前泪崩。

事前的大会采访中，得知阿俊哥这号人物的大会总监阿里娜，此刻也不禁流下泪来，拥抱着穿着玩偶装的我们。

"我办到啦！阿俊哥！确确实实，赶上你的告别式了。"

其八　迈向世界第一

三人结束默祷，还沉浸在抵达终点的感触之中，进帐篷里休息的我这三天来几乎和熟睡无缘，今天更是怎么也无法入睡。

此外，胃又再度不舒服，就算躺着也无法好转。也许是因为压力一口气解放的关系吧！曾有"搞不好会旧伤复发被迫弃赛"的不安，还有"要把世界第一送给阿俊哥"的压力。

（反正也睡不着，一直躺在帐篷里也不会好转，一片漆黑之中，还有许多选手正在赛道上努力奋斗呢！还是帮大家加油比较能打起精神。）

长达 80 公里的关卡五，大幅拉开选手之间的差距，尽管我在终点这边一直等，但三十分钟至一小时左右才会出现一名选手。

然而，只要看到远方有亮起的头灯，我就会很高兴，也会瞬间涌出勇气。

在赛道上奋斗得比谁都要久的选手，就是最坚强的选手。在这一片漆黑的沙漠里，需要多大的勇气才能一个人跑回来啊！

于是我完全没睡，窝在终点附近的睡袋里，等着陆续回来的选手们，终于，在早上七点左右，脑袋的兴奋状态输给睡魔而昏睡过去。

第六天的中午，最后一名选手也通过终点旗帜，营地里充满假日般的和平氛围。

累积了一路运动伤害的选手们，绝大多数都拖着脚走路，背上和脚上贴满了运动贴布，但脸上却充满生气。明天只要再跑10公里就好了，离完赛已经不远了。

过了一夜，第七天，最后的关卡六的早晨。

只要跑完这个关卡，漫长的"阿塔卡马沙漠250公里"就结束了。抵达终点后，就可以忘情享受暌违一周的冲澡、美食，还有冰凉啤酒了。

关卡六的早晨，每个人都很平静。不论是谁，这一路来跟自己的战斗都将画下休止符。

关卡一足足有7.5公斤、塞得圆滚滚的背包，现在差不多只剩萝卜装比较显眼，缩得小小的。

我们站在起点，比其他关卡都还要亢奋，三人一如既往地彼此握手喊话，跑向最终关卡。

　　回想起来，"KIZUNA"是因为喝酒起哄而诞生的队伍。我们各自克服无氧训练等艰难练习，不输给工作、负伤与生病，终于来到这里。我们能够平安地站在起点，说不定都是个小小的奇迹。更何况在赛程中也没有任何大伤大病，三人都很有活力地奔向终点。

　　即使过程中曾吵过好几次架，但借机讲出彼此的想法而深入理解对方，辛苦的时候也不忘彼此鼓励，我们之间的"KIZUNA"因此更为坚固了。

　　"阿俊哥，再不用多久就要到终点了。托您的福，我们应该可以拿到世界第一喔！"

　　（到终点之前，我都不哭。）

　　实在忍不住的时候，就摸摸贴在胸前的阿俊哥的照片，绷起神经。

　　已经可以看到指向最后终点、圣佩德罗－德阿塔卡马城镇的道路标志了，终点就在眼前。我每踏出一步，都在回想一路来的景色、为我打气的大家，还有阿俊哥的笑脸。

　　转弯，看到了。

　　聚集着大批选手和工作人员，终点旗帜被欢呼声包围，在前方等着。

"我们手牵手冲向终点吧！"

尽管已经泪流满面，最后的直线还是加快了脚步。

漫长的 250 公里之旅，终点。

"太棒啦！"
终于迎来这个瞬间。
世界第一的队伍，"KIZUNA"诞生。

一路陪我奋斗下来的阿信、小黑，还有身为采访小组，位居幕后却一路支持着我们的井野、小友、今冈。
我们做到了！真的做到了！能成为世界第一的队伍，谢谢你们！

在这之前的无数痛苦训练，让人绝望的与旧伤的缠斗，还有跟阿俊哥一起度过的无可取代的那些日子。
回想起来，真的是因为被许多人支撑着，我们才能来到这里。胸口满是无法言喻的感谢和感动，我再也按捺不住，眼眶难以抑制地溢出豆大的泪滴。

这个"世界第一的团队"，源自总是替我们加油、支持我们、守护我们的人们的"KIZUNA"。他们都是队伍的一员，这是我们共同拿到的世界第一。

其九 涌起的"KIZUNA"口号

我大声欢呼迎接陆续通过终点的选手，眼眶带泪却仍满眼笑意，把睽违一周的冷饮和披萨往嘴里塞。

过程中出现不少感人的场景。

大伙围绕着全盲的日本跑者滨田，以及带领他跑完全程、现居日本的韩国跑者金先生，日韩选手全员集合，一起拍照留念并喊着口号。

"Korea! Japan! Korea! Japan! "

纪念照拍摄的范围越来越广，中国大陆、台湾地区、泰国、马来西亚的选手也聚在一起。

"Asia! Asia! Asia! "的口号声越传越远。

对选手来说，彼此都是朝着"250公里外的终点"一起奋斗过来的伙伴。

于是，最后一关，关卡六终于画下句点。

对我们来说，还有"另一个重要的关卡"。

那就是会后派对兼颁奖典礼上的优胜感言。

老实说，在参赛之前，我就已经擅自想过颁奖典礼上要说什么了。

大概就是因为这样才会被诊断出"左颈僵硬是因为'想太多'"啦！

经过这一路长征，我的想法渐渐进化成"演讲也要全员一起来，彻底发挥团队精神"。

我们"KIZUNA"是个在各种情况下都能发挥个人特色与领导能力，堪称"全员都是队长的队伍"。如今拿下世界第一，优胜感言自然也要三人共同分担，"全员一起帅气地发表"。

第六天的休息日，冲完澡后，趁着等待颁奖典礼的时间，我们讨论文案、反复推敲，还不断练习英语发音。无论跑步、角色扮演还是演讲，都要用尽全力。

最后，在聚集着所有工作人员与选手的颁奖典礼上，我们抱着显示着阿俊哥照片的计算机，发表以下"KIZUNA"的演说。（当时是讲英文）

〈小野〉

（掌声之后）谢谢大家，开头我想先说最重要的……

这一路的赛事，获得许多令人高兴的声援，真的让我很开心，像是"Go! Boys！""加油，Boys！"等。

不过，很遗憾的是我们已经不是"Boys"了，我们都是年近四十的大叔，请不要再叫我们"Boys"了。

哎，这个话题先摆一边。

我们的队伍名称是"KIZUNA"。"KIZUNA"在日文里指"人与人之间心意相互联结"的意思，用英文解释就像"bond"

那样。

身上穿的这件衣服，对我们来说就是彼此的 "KIZUNA"，（指着画面上的阿俊哥）也是 "他" 跟我们的 "KIZUNA"。

〈阿信〉

他（阿俊哥）既是我们队服的设计者，也是朋友，更是大哥，是他教导我们 "羁绊" 的重要。

他在十一个月前被宣告癌症末期，持续与病魔奋斗，上礼拜，五十岁的他过世了，就在我们出发前往阿塔卡马的那天。

这次能像这样获得这份荣誉大奖，一定是因为他默默地支持着我们。

我们想为他祷告，只需要五秒的时间，我们想要为他默祷，希望你也能跟我们一起为他祈祷。

〈小黑〉

借着团体赛的完赛和优胜，我们获得超乎预想的经验，也体验到在极限环境下，要维持团队合作会是一件多么困难的事。

不过，克服这项难题的结果，便是激发出超越团队个人能力总和的实力。

多亏我的队友，我们获得的不仅是世界第一这样的成绩，更获得了坚强的 "羁绊"，谢谢大家。

此外，我还想向所有选手与工作人员道谢。

感谢领先的选手，在险峻的赛道上为后继选手开路。感谢所有选手对终点的执着，这为我带来莫大的勇气。

感谢全体工作人员，无论何时都给予无比必要的协助。

〈小野〉

人生是有限的。正因如此，我们更该持续挑战。

能够挑战如此疯狂又优秀的赛事，我从心底感谢所有朋友、家人以及祖先们。

最后，我由衷感谢这次的主办单位 Racing The Planet，真的非常感谢。

发表完得奖感言，以排名较高的选手为首，许多选手纷纷站起身来，激动地围住我们赞美："太棒了！""我好感动！"

于是，会场里掀起"KIZUNA! KIZUNA! KIZUNA! "的口号。

鸡皮疙瘩停不下来。

阿俊哥你在看吗？你听得到吗？你留给我们的"KIZUNA"，跟世界第一的"羁绊"连接在一起了，我们正沐浴在全球好手的喝彩声中喔！

真的非常感谢你！

比赛第一天，不知疲惫前进的"KIZUNA"。©Thiago Diz

关卡一，高度陡降，延伸至遥远的沙漠。

关卡一，终盘，在这之后就跑出赛道了……

关卡二，序盘的渡河，有如在玩水般开心。

关卡二，渡河后爬下大沙丘，一路跑到遥远的前方。

奔下沙丘的阿信，卷起来的"黄香蕉"是他的标志。©Thiago Diz

选手们逐渐四散开来，经常前后都看不见任何人。©Thiago Diz

关卡三的序盘，身在树丛中，跟在"香蕉"后面。

结束关卡三，跟小黑、阿信打闹着。

营地，才刚入夜就有此番星空。

关卡四结束，回到营地。"请把我们拍帅一点！" ©Thiago Diz

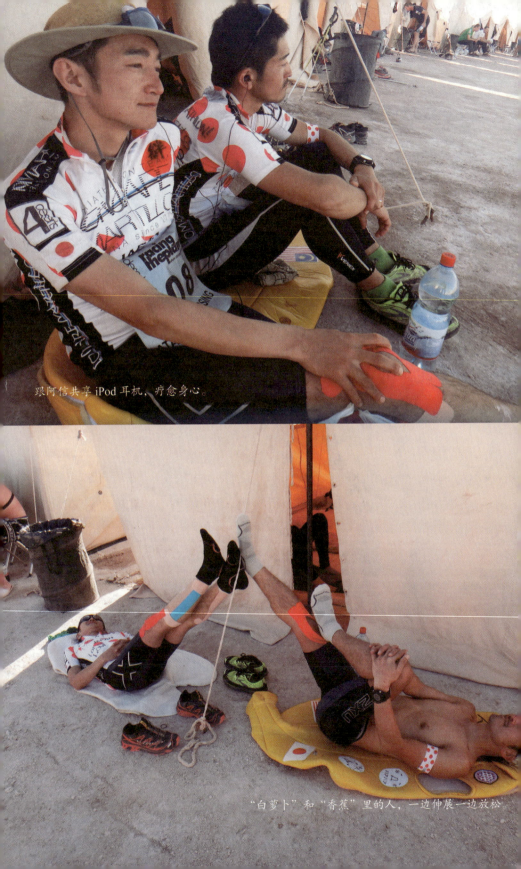

跟阿信共享 iPod 耳机，疗愈身心。

"白萝卜"和"香蕉"里的人，一边伸展一边放松

跑在因干燥而龟裂、满是盐花的大地上

关卡五结束，已经破破烂烂的贴布

关卡五开赛前的营地，谁都没想到之后要穿过这座湖……©Thiago Diz

关卡五开赛前，取暖中的阿信。

关卡五开赛没多久，出乎意料必须直穿盐湖。

关卡五，穿越盐湖的选手们。©Thiago Diz

在因干燥而十分坚硬的盐分结晶地带，鞋子变得破破烂烂。

阿塔卡马沙漠 250 公里赛事，抵达终点的瞬间。©2013 augment 5

天现寺十字路口，朝着阿俊哥的病房高举的文字。©2013 augment 5

在胸前贴着阿俊哥的照片，一路跑到最后。©Thiago Diz

尾 声

写了这么多关于马拉松文章的我，职业当然不是跑者。我的职业是创业投资家。

投资那些尚未问世的企业或投资者，有时也会参与经营规划培育事业，创造未来的全新价值，大概就是这样的工作。

我并不是一直都是创投者，本来我只是接受投资的创业者而已，就连"创业者"也不是我想当就当上的，只是就结果来说，最后终究成为创业者而已。

1999 年 2 月，我以成为生物学家为目标，就读于研究所进行研究，看到当时刚上市的"i-mode"（日本电信公司 NTT DOCOMO 提供的服务，用户使用"i-mode"对应机种，就可以收发电子邮件并浏览网站），被这项"不管在哪，谁都可以上网"的冲击所感动，马上跑去买了"i-mode"装置（对当时还是穷研究生的我来说，这可是一笔莫大的自我投资），学习制作手机网站就是这一切的契机。

趁着研究的空档，我熬夜做出"居酒屋 net"网站，是以学生需求创造出的网站，"即使有很多人要去居酒屋续摊，也不用跑来跑去找地点，只要在手机上一找，就能马上找到还有座位的店家"（当年完全不运动的我，最讨厌跑来跑去找店家）。

看到有人因为自己搭建的网站而高兴，我很开心，于是继续学习这方面的知识。为了创造更有冲击性的服务，2000 年 4 月，我放弃了生物学研究之路，毕业就进入 IBM 集团工作。即使有了工作，晚上仍醉心于营运自己的手机网站。

在这一过程中，我察觉到一件事。

"有很多爱好者确实很让人开心，但机房费用日益增加，往后不就只有烧钱的份吗？"

最初的需求只是"在自己的手机网站上刊登广告，靠广告费贴补机房费"。

渐渐却萌生了另一种想法："世上的手机网站营运者，说不定可以靠手机广告养活自己。手机广告，不是正好能为广告市场带来前所未有的价值吗？"

机缘巧合之下，我遇见刚成立没多久，"业绩和员工都几乎是零"的新创企业"C. A. mobile"，当时我才毕业五个月，就立刻决定跳槽。以基层员工的身份（第一个唯一的正式社员）投入新创企业。

为了把我的想法具体化，确立行动广告市场，我注入了大量热情。等我回过神来，自己已经成为董事，必须担起公司经营者的责任，C. A. mobile 也已发展成拥有五百名员工的行动广告领导品牌。

你问我到底想表达什么？我想表达的就是"未来会怎样没人知道"。明明目标是成为生物学者，却因为一些契机的累积，回过神来就已经在率领新创企业的位子上了。

遇见某种机缘，让我觉得"很有趣"，"想做做看"，就立刻向前冲，犹如中毒般前进，我因此完成许多曾经认为"不可能做到"的事情。

当然，在这之中，也曾被许多人指摘过"不，这行不通吧？""这不对吧？"有不少最终以失败收场的例子。

我在新创企业的经营中获得小小的自信，心想："要在不同领域创造更有冲击性的事业或服务。"不知何时，早已跳脱单一新创企业经营者的身份，开始投资多种新创企业并支持经营，投入一种被称作"创投家"的职业。

当然，从新创企业经营者到创业投资家的过程多少都有失败，距离令人满意的结果还很遥远。

以前看不清楚的"人生中应该全力以赴的事"，现在已逐渐清晰，能够确实感觉到自己朝着"想要实现的未来"迈进。虽然过程中会因为左右摇摆而跌跌撞撞，且终点仍在遥远的、看不见的彼方。

这么说来，我以跑者的身份也在学习同一件事。

三十五年来不运动，一直是居家型男人的我，因为一些小愿望而开始行动，"不瘦下来不行"，"到外面跑跑看吧"，后来逐渐演变成"想跑全马"，"想跑沙漠"，在不断挑战自我的情况下，完成了像是沙漠250公里、北极或南极马拉松，甚至是成为世界第一的沙漠团队赛等，就结果来说，我触及了自己过去未曾想象过的未来。

跑完阿塔卡马沙漠马拉松的两个月后，我又征服了六天横断日本520公里的"川道Foot race"；几个月后，因为挑战勃朗峰一周160公里赛事，还有250公里丛林赛事，我的行为超越了"做过头"，变成"中毒者"。

再者，我发现除了追求距离或时间等"自己造成的结果"，借由挑战让周围产生更新的挑战也很令人开心。边跑边跟其他人分享，"就算过去曾认为遥不可及，也可以借着自己的挑战而逐渐接近"，不知不觉便开始受邀演讲，甚至获得像执笔编写本书的机会。

虽然常被人家误解："反正你就是个样样精通的人对吧？"但以前的我并不是这样的人。

小时候，成绩单上的"运动技能"总是被评为"上、中、下"中的"下"，我不仅是个运动白痴（其实现在还是，如果上场踢五人足球，三分钟就会因为受伤退场），"说话技能"也是"下"的等级。

小学时，甚至还害妈妈被老师请去学校，最后哭着回家。

"一般小朋友如果可以讲到一百，你家裕史大概连二十都说不了！"班主任老师这样跟我妈说。

因为我实在太过内向，似乎无法表现自己的情绪，小学三到四年级时，还一度曾因拒绝上学而住院。

那个小朋友，后来成为在一百人面前也能像机关枪一样热烈演说，在数百人的研讨会上也能侃侃而谈的人。虽然我妈总说："你一定是被外星人抓走过，他们在你的脑袋里埋了怪东西。"不过，这也不是突然产生的激烈变化，而是在遇见许多人的过程中，因为某些机缘，遇见让我"想变成他"的朋友，追着他们的背影前进时，我慢慢打开了心房，成为一个敢跟别人说话的人，甚至在喝酒时，变成话最多、最会炒热气氛，不肯安分下来的麻烦人物。

就算是小小的契机，只要"心的罗盘"转动了，就行动看看吧！不要光想"办得到办不到"，而是"不论如何，就做做看吧"。

结果可能会跌倒，失败率也可能会增加，却也获得了可以收获这份经验的机会。如果不行动，眼前的景色就不会改变，一旦试着行动，"这里好像有什么不对劲"，"这里搞不好很不错"，就一定能渐渐找出自己想要前进的方向。

达尔文不也曾这样说过？

"未来能够生存下来的生物，不是力量最强大的，也不是最聪明的，而是创造出最多变化机会的。"

如果不行动，不要说未来不会改变，还会停滞在原地。不怕变化和失败，大胆地行动，就随时都有进化的可能。

人会成长，找到自己该走的路，未来也会因此而改变。

"KIZUNA"团队的世界第一，源自一群因缘分相聚的人们不顾后果而开创的一条路，结果便是得到"未曾想象过的未来"。

虽然仍有憧憬，不过这次获得的世界第一，只是一个小小的勋章。

跟优秀伙伴之间的羁绊，还有能够健康、有活力地完成这项挑战，这份令人充满感谢的幸福，我牢牢地刻在心上了。

这才是比什么都无价的勋章。

对所有人来说，人生都是有限的，而且，不知道什么时候会结束。

死，令人不舍，令人悲伤。

不过，也正因如此，我们才能朝着某种"心愿"，每天努力，并且持续挑战。

也正因为生命有限，过去因某种缘分而编织、令人感谢的"愿望"，也才能真正紧握，接着再继续编织下一个心愿。

我们的各种挑战，若能在某时某地，跟我们四周，或是未来将遇上的某个人的挑战产生联结，将会是多么令人高兴的事啊。就算不知道什么时候会死，也还是可以说："我办到了！"不是吗？

人啊，无论活到什么时候，未来都是会改变的。
而且，不只改变自己的未来，也会改变当我们已经不在了的未来。
因此，每天都要坦率地、堂堂正正地全力规划有限的时间，朝着前方迈进！

小野裕史赛事战绩

2009 年

8 月　开始跑步

10 月 18 日　第 38 届 turtle 马拉松国际大会（21.1 公里。首次跑半马。1 小时 56 分 11 秒）

11 月 23 日　第 19 届福知山马拉松（首次跑全马。4 小时 9 秒）

12 月 6 日　第 3 届板桥河畔半马（21.1 公里）

12 月 31 日　一人全马，在老婆的老家福山市（42.2 公里）

2010 年

1 月 10 日　第 11 届谷川真理半马（21.1 公里）

1 月 31 日　第 58 届胜田全国马拉松（42.2 公里。首次突破 4 小时。3 小时 39 分 34 秒）

2 月 20 日　第 1 届东京赤羽半马（21.1 公里）

2 月 28 日　没有参加资格的东京马拉松，擅自在飘着雪的早晨跟着跑了 10 公里

3 月 21 日　第 13 届东京荒川市民马拉松，因强风中止，自己跑了全马

4 月 25 日　第 11 届前桥 city 马拉松（21.1 公里）

5 月 23 日　第 36 届洞爷湖马拉松 2010（42.2 公里）

6 月　因负伤而开始游泳

7 月 10 日　第 5 届磐梯高原 ULTRA MARATHON（首次跑 100 公里。12 小时 22 分 34 秒）

7 月 23 日　第 63 届富士登山竞走（五合目赛程 15 公里。从山麓到五合目海拔差 1480 米）

8 月 29 日　2010 北海道马拉松（42.2 公里）

9 月 12 日　购入三铁专用脚踏车"Challenge or Die"号

10 月 10 日　2010 岩手北上马拉松（42.2 公里）

10 月 23 日　第 1 届伊南川 100 公里超级远足（100 公里）

11 月 7 日　第 3 届下关海响马拉松 2010（42.2 公里）

11 月 13 日　Rota Blue Triathlon（游泳 1.5 公里，自行车 40 公里，跑步 10 公里。首次跑三铁）

11 月 21 日　一人马拉松

11 月 28 日　第 35 届河口湖日刊运动马拉松 2010（42.2 公里。首次尝试"眼球老爹"扮相）

12 月 11 日　EKIDEN GRAN PRIX（5 公里，首次跑接力，扮演乔巴）

12 月 12 日　一人三铁（游泳 1.5 公里，自行车 40 公里，跑步 10 公里）

12 月 23 日　第 22 届加古川马拉松大会（42.2 公里）

12 月 31 日　第 1 届山手线一周扮装马拉松（自己办的。43 公里，戴着小兔帽子）

2011 年

1 月 2 日　一人全马（42.2 公里）

1 月 9 日　第 12 届谷川真理半马（21.1 公里）

1 月 15 日　第 15 届宫古岛 100 公里超级远足（100 公里）

1 月 30 日　第 59 届胜田全国马拉松（42.2 公里）

2 月 6 日　自行车 212 公里长程自主练习

2 月 20 日　为了前往早晨的高尾山进行瀑布修行，52 公里彻夜跑步

2月27日　东京马拉松2011（42.2公里。全身穿熊猫装。用
　　Ustream转播）

3月6日　第3届房总丘陵越野赛2011（21公里。首次参加越野
　　赛）

3月20日　第16届2011罗马城马拉松（42.2公里。首次海外全马。
　　用Ustream转播）

4月3日　2011佐贺樱花马拉松（21.1公里）

4月17日　石垣岛三铁大会2011（游泳1.5公里，自行车40公里，
　　跑步10公里）

5月3～4日　山口100萩往返马拉松（140公里组。戴着小兔帽
　　子，部分以Ustream转播）

5月14日　背10公斤物品的一人全马。为戈壁沙漠马拉松做准备

5月21日　第1届12小时耐久马拉松in日本有氧运动中心（106
　　公里。8人中第3名。跑步首次得奖）

6月26日～7月2日　Gobi March 2011（戈壁沙漠250公里马拉
　　松。人生首次的沙漠马拉松。152人中第19名）

7月22日　第64届富士登山竞走（山顶赛程21公里。从山麓到山顶
　　海拔差3000米）

7月23日　第1届奥多摩周游ECO JOURNEY 99公里

8月7日　第36届秩父宫纪念富士登山接力大会（6人11棒中，担
　　任第2和第10棒，总计约10公里）

8月21日　第1届北鄂霍次克100公里马拉松（首次全身扮装跑100
　　公里。扮成乳牛）

9月4日　2011佐渡国际三铁大会（首次参加长程赛。游泳2公里，
　　自行车190公里，跑步42.2公里）

9月18日　第2届铁人70.3 Centrair常滑JAPAN（游泳1.2公里，

自行车 90 公里，跑步 21.1 公里）

10 月 2 ～ 8 日　Sahara Race 2011（撒哈拉沙漠 250 公里马拉松。147 人中第 8 名）

10 月 16 日　第 17 届四万十超级马拉松（100 公里）

10 月 22 ～ 23 日　第 19 届日本山岳耐久赛（长谷川恒男杯）（越野 71.5 公里）

10 月 30 日　第 1 届大阪马拉松（42.2 公里。首次穿萝卜装参赛）

11 月 3 日　第 6 届湘南国际马拉松（42.2 公里。穿企鹅装）

11 月 6 日　里盘梯山岳耐久赛 2011（越野 39.8 公里）

11 月 13 日　第 11 届阵场山越野赛（越野 23.5 公里）

11 月 23 日　第 24 届大田原马拉松大会（42.2 公里）

12 月 30 日　第 2 届山手线一周扮装马拉松（自己办的。约 42 公里，穿萝卜装）

2012 年

1 月 8 日　第 13 届谷川真理半马（21.1 公里）

1 月 29 日　第 60 届胜田全国马拉松（42.2 公里）

2 月 12 日　第 3 届盘城 sunshine 马拉松（42.2 公里）

2 月 26 日　东京马拉松 2012（42.2 公里。穿熊猫装）

3 月 10 日　第 1 届小豆岛·寒露溪 100 公里超级远足（100 公里。穿萝卜装）

4 月 7 日　North Pole Marathon 2012（北极马拉松 42.2 公里。41 人中第 4 名）

4 月 22 日　石垣岛三铁大会 2012（游泳 1.5 公里，自行车 40 公里，跑步 10 公里）

5 月 2 ～ 4 日　山口 100 萩往返马拉松（250 公里组。戴着小兔帽

子，部分以 Ustream 转播）

5月18～20日　超级越野·MOUNT FUJI 2012（156公里，累积海拔8500米。33小时55分49秒，第107名）

6月10日　第1届飞驒高山超级马拉松（100公里。穿萝卜装）

6月24日　吉隆坡马拉松（42.2公里 in 马来西亚。穿萝卜装）

7月27日　第65届富士登山竞走（山顶赛程21公里。从山麓到山顶海拔差3000米）

8月5日　第37届秩父宫纪念富士登山接力大会（6人11棒中，担任第1和第11棒，总计约12公里）

8月19日　第2届北鄂霍次克100公里马拉松（100公里。穿萝卜装）

8月26日　第23届三铁珠洲大会（游泳2.5公里，自行车101公里，跑步23.3公里，人生首次弃赛）

9月16日　第12届历史街道丹后100公里超级马拉松（100公里。戴小兔帽子）

10月7～8日　第20届日本山岳耐久赛（长谷川恒男杯）（越野71.5公里。1988人中第179名）

10月21日　第41届 turtle 马拉松（21.1公里）

11月4日　前往纽约参加马拉松，却因飓风中止

11月21日　Antarctica Ice Marathon（南极100公里马拉松。12小时51分48秒，9人中第2名）

12月9日　第26届青岛太平洋马拉松2012（42.2公里）

2013 年

1月13日　第23届宫古岛100公里广域马拉松（9小时53分29秒，首次突破10小时。戴小兔帽子）

2 月 9～11 日　2013 OKINAWA 越野赛（绕冲绳一圈 324 公里。在 165 公里处弃赛）

2 月 24 日　东京马拉松 2013（在约 20 公里处弃赛）

3 月 3～9 日　Atacama Crossing 2013（阿塔卡马沙漠 250 公里马拉松。36 小时 39 分 22 秒，团队赛第 1 名）

4 月 14 日　石垣岛三铁大会 2013（游泳 1.5 公里，自行车 40 公里，跑步 10 公里）

4 月 21 日　第 23 届挑战富士五湖（112 公里。雪中穿萝卜装跑步跌倒，在约 40 公里处全身是血只好弃赛）

4 月 26 日　以转播摄影师的身份参加超级越野·MOUNT FUJI 2013

4 月 30 日～5 月 5 日　川道长跑（从东京到新潟约 520 公里。戴小兔帽子）

6 月 1 日　第 1 届东京·柴又 100 公里马拉松（穿萝卜装）

6 月 9 日　第 2 届飞驒高山超级马拉松（100 公里。穿萝卜装）

6 月 23 日　2013 五岛长崎国际三铁大会（游泳 3.8 公里，自行车 180 公里，跑步 42.2 公里）

6 月 30 日　第 28 届佐吕间湖 100 公里超级马拉松（穿萝卜装）

7 月 14 日　一人长谷川恒男杯（越野 71.5 公里。因为跌倒，在 40 公里处弃赛）

7 月 20～21 日　第 3 届奥多摩周游 ECO JOURNEY 99 公里

7 月 27 日　一人富士山竞走（从山麓到山顶，再到另一侧的五合目）

已经报名

8 月 17～18 日　Leadville Trail 100 Run（160 公里越野赛，科罗拉多）

8 月 25 日　2013 北海道马拉松（42.2 公里）

8 月 30 日　勃朗峰超级越野赛（168 公里越野赛。累积海拔 9600 米）

9 月 14 日　The Most Beautiful Thing（100 公里越野赛）

9 月 21 日　Tour de Iwaki

10 月 6 ～ 12 日　丛林马拉松（250 公里，巴西亚马孙）

谢　词

我平日就是工作跟喝酒，周末就是去跑步不回家。犹记得刚开始跑步没多久时，曾坚持"鱼、肉类，LOVE。碳水化合物，不吃"的我，现在却会说："我吃素食！碳水化合物 LOVE。不吃鱼、肉类。"就是如此善变又任性。偶尔待在家，好几次想说："找四五个有趣的家伙来喝酒吧！"后来却跑来一堆人，变成三十人左右的大酒会。对于我的这些行径，嘴上说着"这不好玩，少给老娘开玩笑"，却还是完美地为我提供后援的老婆佑美，我想要对你送上最大的感谢。一直以来，谢谢你。正因为有你，我才可以办到这些事。

然后，以把我养得积极又有活力的父母及祖先为首，感谢所有让我有机会撰写本书，并且给予协助的数不尽的人，还有各位的祖先。真的非常感谢你们。

图书在版编目（CIP）数据

马拉松中毒 /（日）小野裕史著；许哲彦译 . — 杭
州：浙江大学出版社，2020.9
（启真·体育人文）
ISBN 978-7-308-19945-2

Ⅰ. ①马…　Ⅱ. ①小…　②许…　Ⅲ. ①马拉松跑—通俗读物
Ⅳ. ① G822.8-49

中国版本图书馆 CIP 数据核字（2020）第 000068 号

马拉松中毒

〔日〕小野裕史　著　许哲彦　译

责任编辑	王志毅
文字编辑	孙华硕
责任校对	王　军　张培洁
装帧设计	周伟伟
出版发行	浙江大学出版社
	（杭州天目山路 148 号 邮政编码 310007）
	（网址：http:// www.zjupress.com）
制　作	北京大有艺彩图文设计有限公司
印　刷	北京中科印刷有限公司
开　本	710mm×1000mm　1/16
印　张	14
字　数	152 千
版 印 次	2020 年 9 月第 1 版　2020 年 9 月第 1 次印刷
书　号	ISBN 978-7-308-19945-2
定　价	56.00 元